フランスの小さな村だより12カ月

木蓮（写真&文）

かもめの本棚

プロローグ

「ニャー」。甘えるような目線で、足元に絡みついてくる我が家の猫たち。愛犬家だった私たち夫婦の元に、新たな命がやってきたのを知ったのは、旅先に届いた夫からのメッセージでした。ちょうど、「フランスの最も美しい村」の一つであるサン・シル・ラポピー近くの小さな村に、野草合宿のために訪れていたときのこと。フランス語の難解な植物名に四苦八苦。みんなと一緒に復習しながら、チラッと見えたスマートフォンのメッセージに目が留まりました。

「畑に2匹の子猫が捨てられていたから、連れ帰った」。その後、送られてきた写真には、カボチャ畑の中で、今にも命の灯が消えていきそうなボロボロの猫たちの姿が……。なんとか生きてほしい――夫の話から、この2匹がいかに人に慣れているのかがよくわかり、なんだか切ない気持ちになりました。食べるものがなかったのでしょう。畑の中に落ちているゴミや野菜など、口に入るものは何でも食べ、必死に生きてきた小さな命。病院で検査してもらうと、子猫たちのおなかの中にはいろんなものが詰まっていました。それから夫と2人、毎日世話をしたかいがあり、今では2匹ともすっかり元

気になって家の中を飛び回るように。私がスーツケースを引っ張り出すと、荷物の中にこっそり紛れ込むのが2匹の得意技。いつの日か、旅先でびっくりすることがあるかもなと微笑んでいます。

フランスの田舎で暮らしていると、思いがけない動物たちとの出会いがあります。庭のバラの根元で天国に旅立ったハリネズミの姿を見つけたり、車の前に現れたリスにとおせんぼされたり、出たばかりのインゲンの芽をうさぎに全部食べられてしまったり。田舎道だからといって、ぼーっと運転をしていてはいけません。なぜなら、突如現れるシカとぶつかりそうになるからです。玄関前の大きく育ったバラの中にはいくつもの鳥の巣があり、夜になると多くの野鳥たちが集まって寝ています。それらは決して特別なことではなく、フランスの田舎を旅していると誰もが出会う景色の一部なのです。

これらは、旅先で偶然すれ違った村人たちとの楽しい会話のきっかけにもなります。たとえば、名前も知らない小さな花から始まる村のエピソードだったり、標識に描かれた小さなイラストと村の紋章との関係だったり……ただなにげなく通り過ぎているだけでは気づかない話を教えていただくことは、私にとって大切な時間です。「帰る前にここに立ち寄りなさい」なんて、とっておきの場所を教えてもらうことも。あるとき、村外れの小さな畑一面に咲いていたチューリップを不思議に思い、その場にいたマダムに尋ねてみると、花を販売して得たお金を、小児がんの子どもたちのために寄付しているのだと教えてもらいました。「花を育てることなら、私にもできる！」。そんな想いから、私も少しずつ自分にできることをやっていきたいと考えるようになりました。

さて、我が家の新しい家族となったニワトリたちは、お菓子作りが大好きな私にとって欠かせない存在。毎日、美味しい卵を産んでくれ、ひょいと肩の上に飛び乗り、甘えてきます。食べきれなかった野菜の皮やパスタ、海老の殻などはニワトリたちの大好物。それらを食べ、畑のあちこちでした鶏糞が肥料となり、植物たちは生き生きと育っていきます。そして、私たちには美味しい卵をプレゼント。こんなふうに、植物も動物も人間も、自然の中で一緒に生きているのだなと日々感謝の毎日です。

春になればスノードロップが咲き始め、続いて菜の花が咲き出すころには、山の上から眺めるオーヴェルニュの大地はなんともいえない柔らかな緑に包まれます。この春の美しい瞬間を眺めることが、私にとっては一番の贅沢。それから種をまき、苗を植え、畑で採れる収穫物をシロップにしたり、お菓子にしたり、ソースにしたりと、家にいるときはとにかく畑仕事で大忙し。そのうえ、数年前から始めた養蜂は年々本格的になり、今では15箱の養蜂箱を抱えるまでとなりました。

もちろん、それと並行してフランスの小さな村をめぐる旅も今まで以上に楽しんでいます。今、夢中なのが、小さな村にある美術館や博物館に入り、その村の歴史を学ぶこと。ただ村をめぐっていたころに比べ、さまざまなことを知るきっかけにもなっています。

私の3冊目の本となる『フランスの小さな村だより12カ月』は、旅先で出会ったフランスらしいエピソードや私の田舎暮らしをお届けする一冊となっています。

さぁ、皆さんも一緒にフランスの田舎に旅立ってみましょう！

フランス13の地方

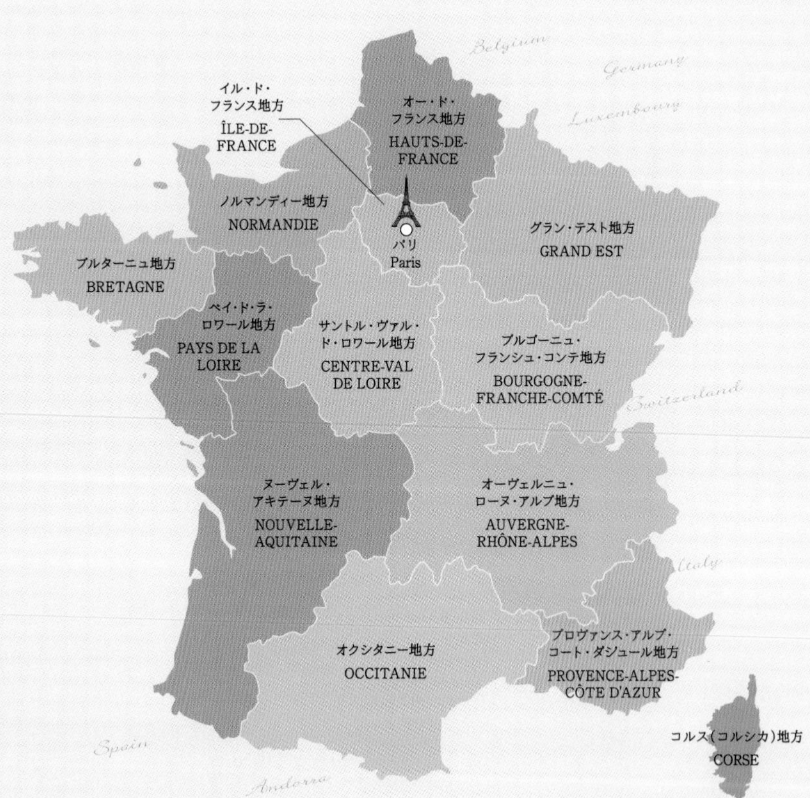
Belgium
Germany
Luxembourg
イル・ド・
フランス地方
ÎLE-DE-
FRANCE
オー・ド・
フランス地方
HAUTS-DE-
FRANCE
ノルマンディー地方
NORMANDIE
パリ
Paris
グラン・テスト地方
GRAND EST
ブルターニュ地方
BRETAGNE
ペイ・ド・ラ・
ロワール地方
PAYS DE LA
LOIRE
サントル・ヴァル・
ド・ロワール地方
CENTRE-VAL
DE LOIRE
ブルゴーニュ・
フランシュ・コンテ地方
BOURGOGNE-
FRANCHE-COMTÉ
Switzerland
ヌーヴェル・
アキテーヌ地方
NOUVELLE-
AQUITAINE
オーヴェルニュ・
ローヌ・アルプ地方
AUVERGNE-
RHÔNE-ALPES
Italy
オクシタニー地方
OCCITANIE
プロヴァンス・アルプ・
コート・ダジュール地方
PROVENCE-ALPES-
CÔTE D'AZUR
コルス(コルシカ)地方
CORSE
Spain
Andorra

Sommaire 目次

marie

Février 2月

Mars 3月

Avril

4月

蒸気機関車が走る美しい村

【*Martel*（マルテル）】

霧雨が降る霞んだ緑の中、遠くから汽笛が聞こえてきます。ここは、南西部オクシタニー地方のマルテル。2022年に「フランスの最も美しい村」（＊）の一つに選ばれた蒸気機関車の村です。村外れにある蒸気機関車の駅に到着すると、なんとも見事な藤が咲いていて、藤好きな私はワクワクしてきました。春先にもなると、ちょうどこの駅の近くにある家々の庭にさまざまな花が咲いていて、それらを眺めながら機関車を待つ時間も楽しみの一つです。1880年から1884年の間に建設された、ボルドーからオーリヤックまで走る旧鉄道線を利用して造られたこの蒸気機関車は、ミランドルの崖に沿って標高約80メートルの高さからドルドーニュ渓谷を見渡すことができる観光列車です。

第一次世界大戦が始まった1917年には、軍事上の理由から一度レールが撤去され、1919年に再建。その後、2つの戦争（第一次世界大戦と第二次世界大戦）の間、この路線は、当時フランスで最も大きな市場の一つであるマルテルからトリュフを移送するために使用されました。そのため、この機関車は「Le Truffadou」と呼ばれていました。以前から、なぜ、トリュフ列車と呼ばれているのかなと不思議だったのですが、そういう理由だったのですね。マルテルの駅から乗車できるのは、蒸気機関車とディーゼル機関車の2種類。予約するときにはご注意を。お好きな機関車に乗ったら、できれば進行方向に向かって右側に座り、ゆっくりと美しい渓谷沿いの景色を楽しんでみましょう。お土産屋さんのある小さな駅に停まるので、ぜひ機関車から降り、この雄大な自然を眺めてください。

機関車での小旅行の後は、駅から車で5分ぐらいの場所にあるマルテルの旧市街に戻りましょう。「マルテル」という村の名前には、紋章にまつわるちょっとした伝説が残っています。西ヨーロッパへのイスラム教徒の侵入を、イベリア半島でとどめたことで名高い Charles Martel（シャルル・マルテル）。彼がこの村を作ったそうですが、「マルテル」という言葉は古いフランス語やオック語で、「ハンマー」を意味します。そのため、この村の紋章として3つのハンマーが使われたといわれています。私は偶然にも、旧市街にあるサン・モール教会の中でこの紋章を発見しました。

村のシンボルでもある7つの塔から、「7つの塔の街（La ville aux sept tours）」とも呼ばれるマルテル。小さな村ながらも、18世紀に骨組みに珍しい栗材を使って建てられたアル広場の Les Hall は、昔この地が栄えた歴史を伝え続けています。今でもその下ではマルシェが開かれ、このあたりの名産であるクルミのオイルやリキュールなどが手に入ります。ぜひ一度ご賞味ください。いくつかの目を惹く雑貨屋さんなどもあり、蒸気機関車に乗った後、ゆっくり食事をしながら村を散策するのもおすすめです。

＊「フランスの最も美しい村（Les plus beaux villages de France）」協会が設けた厳しい条件をクリアし、認定された村。同協会は、伝統文化や史跡を数多く抱えた村の歴史的価値の向上と保護、経済の活性化などを目的に1982年に発足。

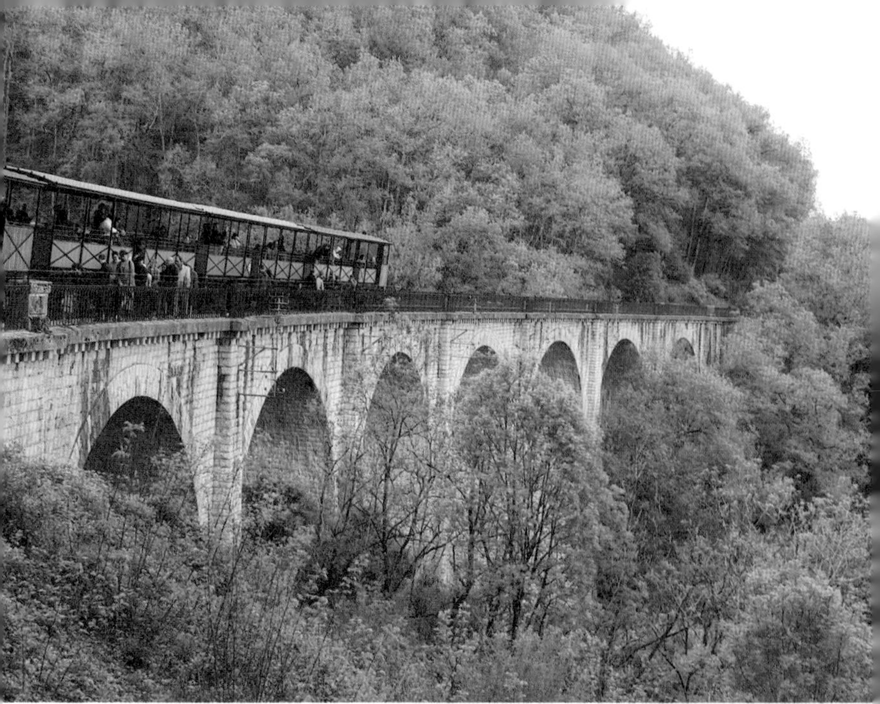

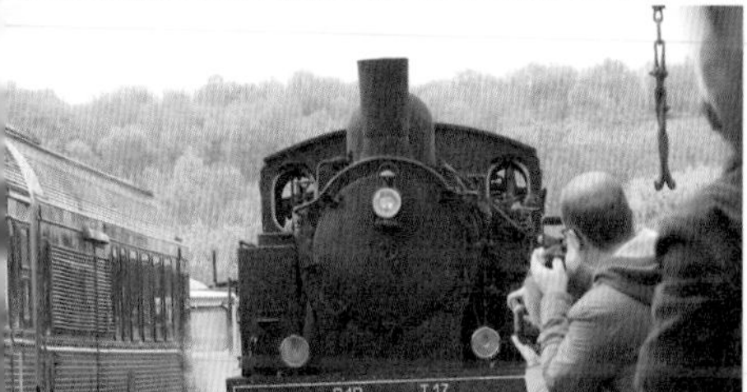
040 T 17

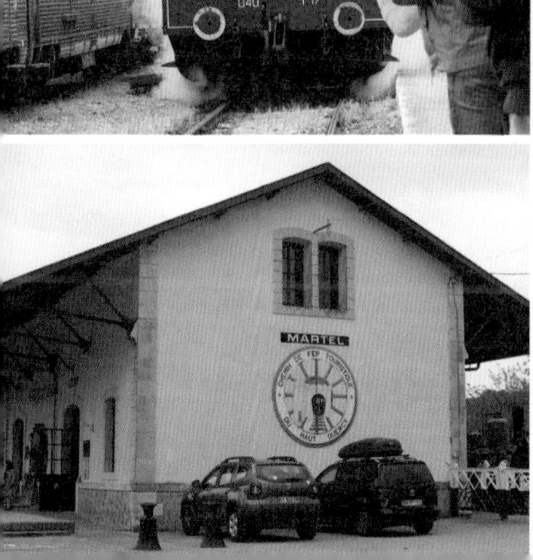
MARTEL
CHEMIN DE FER TOURISTIQUE DU HAUT QUERCY

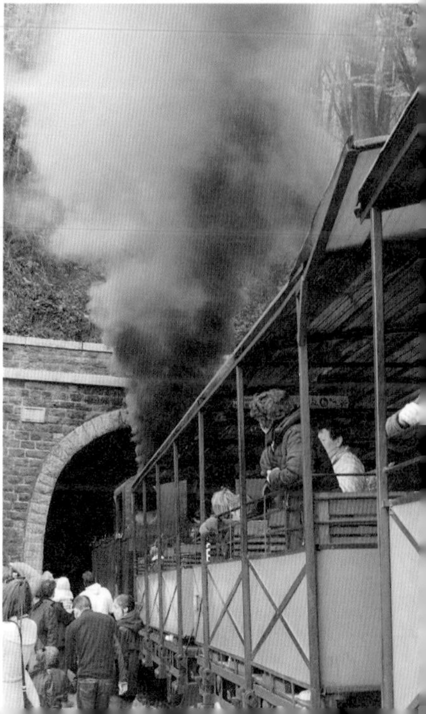

LE CREPUSCULE
CRÊPERIE
RESTAURANT
Heineken
FORMULE
SUD OUEST
LES MARTELAISES

ParisからMartelへの行き方

Austerlitz駅から特急列車IntercitésでSouillac駅まで約5時間。888番(SNCF)のバスに乗り換えMartel-Bourgまで約40分。乗換時間などを考慮して合計約6時間。
＊Paris-Orly空港からBrive Vallée de la Dordogne空港まで飛行機に乗り、そこからタクシーで行く手段もあります（約2時間）。

Avril

4月

Pâques (復活祭)

日本ではあまりなじみのないお祭りの一つである復活祭（Pâques）。「イースター」といえば、聞いたことがある方もいらっしゃるでしょうが、イエス・キリストの復活を祝う重要なキリスト教の春の祭りです。復活祭は移動祝日で、「春分後の最初の満月の次の日曜日」と定められ、3月22日から4月25日の間に祝われます。フランスではこの復活祭を境に、観光地が活気づき、旅行シーズンの始まりを感じるようになります。私が主催したツアーの準備のため、予約を取ろうとレストランやショップに電話を入れると、「復活祭以降の営業です」と言われたこともしばしば。そのため、毎年復活祭の日付を確かめる癖がついたほどです。

さて、フランスを旅していると、時を知らせるために、教会の鐘が鳴っているのを聞いたことがありませんか？　青空に時の数だけ響き渡る澄んだ音色は、旅行者の心も弾ませてくれるはず。今でも畑仕事をしている人たちに、時刻を教えてくれる大切な音色なのです。しかし、聖木曜日（復活祭直前の木曜）のミサの後から復活祭当日まで、キリストを悼む意味で教会の鐘は鳴りません。子どもたちには「鐘はローマに行くんだよ」と説明する習慣があり、伝説によれば、教会のすべての鐘はローマへと旅立ち、法王の祝福を受けた後、古代から生命や再生のシンボルとされていた卵をいっぱい抱え各地に戻ってくるそうです。その際、キリストの復活を知らせるため、鐘を鳴らしながら卵を庭にばらまいていったとされています。

新しい生命の象徴である卵とともに、春は植物が芽吹き、動物や虫、あらゆる命が活動し始めるとき。この祝福された卵を庭から見つけ出し、食したならば、新しい人生が始まると考えられているそうです。それが、庭から卵を探し出す「エッグハント(Chasse aux oeufs)」の始まりで、大人も子どもも楽しめます。

私たちもその伝統に則り、卵の中身を取り出し、カラフルなイースター・エッグを作りましょう。取り出した卵液は、フランス北東部のアルザス地方の伝統的なお菓子で、「Gâteau d'agneau（ガトー・ダニョー）」、または「Agneau pascal（アニョー・パスカル）」と呼ばれる、羊の形をした小さな焼き菓子に使います。アルザスやドイツの商人が卵をチョコレートで覆うというアイデアを思いついたのが17世紀ごろ。その後、空になった卵の中にチョコレートを入れるようになり、19世紀には新しい技術が生まれ、独自の金型を使ってさまざまな形のチョコレートを作るようになりました。今では、豊穣と多産の象徴であるうさぎやニワトリ、鈴などの形に。復活祭が近づくと、ショコラティエの店頭には多くのチョコレートが飾られるようになりました。

それにしても、3月末と4月末では気温が大きく変わるため、その年によって、復活祭のインテリアに使う花が大幅に変わってしまいます。インテリア雑誌を眺めていても、リラが飾られたり、ミモザが飾られたりと、まさに春の訪れを感じる行事だなと感じています。

Avril

4月

国際アンティーク市

【*L'Isle-sur-la-Sorgue*（リル・シュル・ラ・ソルグ）】

プロヴァンス――。この言葉を聞くだけで、なぜだか目の前にラベンダー畑が広がり、ロゼワインを飲みつつ、ゆったりした時間を過ごす……。そんなイメージを膨らませ、憧れを持つ女性も多い場所。実際のところ、いつでも紫色の花が咲くラベンダー畑に遭遇するわけではないのですが、憧れの地で素敵なアンティークショップめぐりができる町があるとすれば、行きたくなるのも当然のこと。そんな女性たちに大人気のリル・シュル・ラ・ソルグは、私の本格的なブロカント（蚤の市）デビューの場所でもあります。

14の大きな水車が歴史を刻みながら回り続ける、美しいソルグ川に囲まれたこの町は、春の復活祭の時期と8月に、国際アンティーク市（Foire Internationale Antiquités et Brocante）が開かれています。人口2万人ほどのこの小さな町が、ヨーロッパ第3位のアンティークやブロカントの取引を行っているとは本当に驚きです。毎週日曜には、地元のマルシェと併設してブロカントが行われているので、ゆっくりと街並みを楽しみつつ、ぶらぶらしたい方は、そちらのほうがおすすめです。

さて、国際アンティーク市当日は朝から混んでいるだろうと思い、歩ける距離にホテルを予約していましたが大正解。透明感抜群のソルグ川では、生まれたばかりの鴨の赤ちゃんが泳いでいたり、カヌーを楽しんでいるご家族もいて、なんとものんびりとした雰囲気。しかし、ひとたび町の中に入ると、周りの熱気をひしひしと感じます。入り口から気になるものがいっぱいですが、のんびりはしていられません。絶対に欲しいと思ったものは、その場ですぐに買わないと、戻ってきたころにはなくなってしまいます。値段が少し高く躊躇（ちゅうちょ）するものは、取りあえず後回し。それでも、なくなっているとがっかりしてしまうものですね。

午後になり少し落ち着いてくると、「アンティーク（ブロカント）村」と呼ばれるブロカントショップがいくつも固まっているエリアを散策します。「Village des Antiquaires de la Gare」は1978年、駅前の工場跡地にできたアンティーク村。110のショップが連なり見応え十分です。リル・シュル・ラ・ソルグの町の中には、このようなアンティーク村がいくつかあるため、1日では回りきれません。もちろん、アンティークだけでなく、可愛いアクセサリーや花、地元の特産品を売るマルシェもやっているので、ついついほかのものまで欲しくなってしまいます。

疲れたら、村の中にある美味しいレストランで、美しい川面を眺めながらゆっくりと食事をするのも素敵な時間。多くの村を見るばかりではなく、ときにはそんな時間を作るのも楽しいフランス旅行になることでしょう。

CHAMPAGNE
BOURGOGNE
PARIS BERCY
BORDEAUX

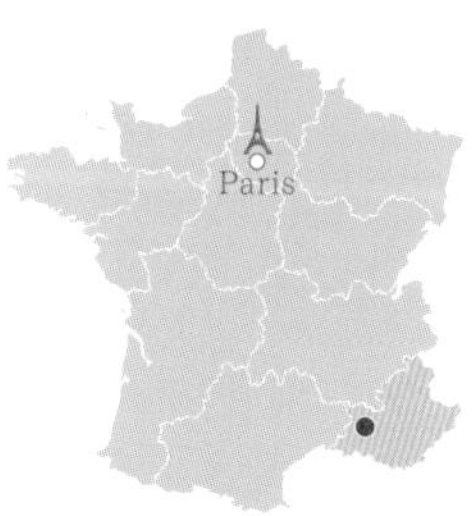

ParisからL'Isle-sur-la-Sorgueへの行き方

Paris-Lyon駅からTGVでAvignon-Centre駅（直通ないしAvignon TGV駅で乗り換え）まで約3時間。Auto Carもしくは906番のバスに乗り換え約45分（Avignon-Centre駅を出て目の前のリンペール通りにあるPem Gare Routièreから乗ります）。乗換時間などを考慮して合計約5時間30分。

Avril

4月

カナルの蚤の市へ出かけよう！

【*Villeurbanne*（ヴィルールバンヌ）】

〝美食の街〟として名高いリヨン。もはや説明するまでもない伝説の三つ星レストランシェフ、ポール・ボキューズが愛した土地として知られ、美味しいものには事欠きません。リヨンは14世紀から絹織物の交易で名を上げ、ヨーロッパ最大の絹織物・繊維工業の都市としても有名になりました。しかし、私がご紹介したいのは、日本女性にも大人気のブロカント（蚤の市）。フランスはアンティーク天国といっても過言でないほど、週末ともなれば、どこかで必ずブロカントが開かれています。パリではヴァンヴやクリニャンクールの蚤の市が有名ですが、ここリヨンの隣町ヴィルールバンヌでも「Les Puces du Canal（カナルの蚤の市）」と呼ばれる大きな蚤の市を楽しむことができます。木・土・日曜にのみ開催されていますが、蚤の市がお好きな方なら、土、日曜の両日行くのがおすすめ。特に日曜の午後1時ごろまで、公設のブース以外でもフリーマーケットが開かれているため、多くの人たちでにぎわっています。

カナルの蚤の市は、大きく分けて5つのブースで構成されています。いちばん奥の駐車場側に位置する「Les Traboules」と呼ばれる常設展示場は、本当に古い「アンティーク」が置いてあるため値段も高め。家具や鏡などの大物が売られています。もしも、気軽に安く買いたいのであれば、「Zone de déballage」と呼ばれるフリーマーケットに行ってみましょう。この場所は、業者の方が朝一番に来て買い始めるため、本当にいいものが欲しいと気合いが入っている人は早起きする必要があります。ちなみに、フリーマーケットは「La halle Louis la brocante」という常設店を挟んで、両側で行われているのでお見逃しなく。

多くの日本の方が、すぐに値引き交渉を始めてしまいますが、明らかに高い場合を除いては、1個や2個買ったくらいでは、なかなかまけてくれません。もちろん、フリーマーケットのようにその日に売りさばいてしまいたい人たちは、すぐに値段の話をして、こちらの反応をうかがっています。しかし、売り手も同じ人間。いろいろ話をして仲良くなると、車の中からとっておきを出してくれたり、おまけをくれたりと対応が変わってくるのです。ある程度の量を買えば、もちろん安くしてくれますが、大切なのは話をすることだなと感じます。また、「Le Village des caontainers」と呼ばれるブースは、コンテナがたくさん並び、その中や外で商品が販売されています。写真に撮りたくなるような可愛いお店もあり、ここで時間をすぐ使ってしまいます。私はカナルの蚤の市から20分ほど離れた場所にあるブロカントが最近のお気に入り。その中にあるひときわ可愛いカフェで、美味しいショコラ・ショー（ホット・チョコレート）を飲んでホッとひと息するのが楽しみです。このカフェはマダムとご主人の手作りで素敵なインテリアを楽しめます。皆さんも、フランスに来たら、ぜひブロカントを楽しんでくださいね！

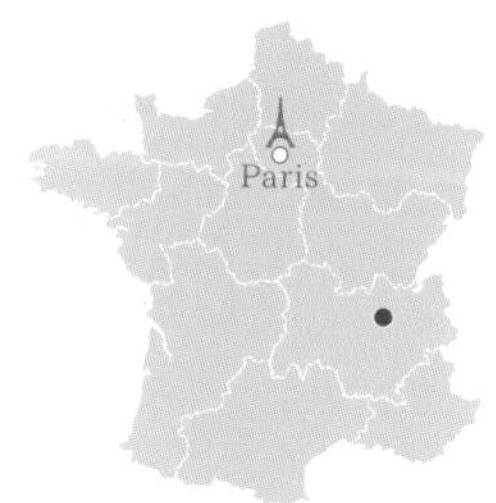

ParisからVilleurbanneへの行き方

Paris-Lyon駅からTGVでLyon-Part-Dieu駅まで約2時間10分。トラム1番か4番に乗りCharpennes駅まで約5分。そこから37番のバスに乗り換えLe Rouletまで約10分。もしくはトラムと地下鉄A線でLaurent Bonnevay駅まで行き、そこから7番のバスでLes Puces du Canalまで行く方法もあります。乗換時間などを考慮して合計約3時間。

Mai

5月

リラの花咲くころ

子どものころ、『赤毛のアン』（L・M・モンゴメリ著）を読んだことがある方も多いことでしょう。物語の中で、アンが初めてグリーンゲイブルズで迎えた朝、リンゴや桜と一緒に咲いていたのが、リラ（ライラック）の花です。本の中で生き生きと描写される植物たちは、布団の中にもぐってからも、私の頭の中でカラフルな花畑となって広がり、どんな香りがするのだろうとワクワクしたものです。そんな経験があるからでしょうか？　庭に咲く花や果物を使って作る保存食は、まるで子どものころのおままごとの延長のようで、私の興味は尽きません。

そんな私が、我が家の畑で初めての春を迎えたとき、子どものころからの夢だった満開のリラに囲まれたのです。淡い紫にベルベットのような深い紫、可愛らしいピンクに清楚な白、そして多くの女性を虜（とりこ）にするような甘い香り。

リラの季節になると、一斉にほかの花も咲き始め、その様はまるで春の虹をまとったかのよう。散歩の途中、長く伸びた柳の枝をくるくると絡ませ、小さなリースをいくつも飾っていきます。そんな私の様子を野鳥や野うさぎが、じっとうかがっている姿も、春の幸せなひとコマです。

紫のリラの花言葉は「恋の芽生え」や「初恋」。淡い色合いや優しい香りにぴったりですね。そういえば、香水の有名なメーカーである南仏グラースのガリマール（GALIMARD）社のアトリエで、自分の香水を配合したときにも、リラをベースにして作りました。もちろん、その香りはフランス女性をも魅了するようで、「リラの花が好き」と話すと、「花もいいけれど、やっぱり香りが一番ね！」と言われることが多いです。

その半面、リラの開花時期はそれほど長くないので、花をつけている期間が短いのがちょっと残念。そこで、なるべくこの香りを楽しむために、リラのシロップやお掃除用のリラのヴィネガーなどを作り保存します。作り方はとても簡単。リラの花だけ丁寧に取り、砂糖やレモンを入れて沸騰させた水に48時間漬けておいたり、ホワイトヴィネガーに漬けたりするだけ。こんなふうに、花を楽しむ暮らしも、季節を肌で感じる暮らしのヒントになります。

旅がお好きな方は、この季節、春を迎えると同時に咲き始める淡い紫のベールに包まれた村をいくつも見つけることができるのでおすすめです。特に涼しい地域であるオーヴェルニュ地方やミディ・ピレネー地方などの中仏を訪ねると、運がよければ一気に咲き始めた桜や藤、スズランなどと一緒にリラも楽しむことができますよ。

Macérât vinaigré de lilas

お掃除用リラのヴィネガー

【材料】
・リラの花　瓶に詰められるくらい
・ホワイトヴィネガー　瓶に入る量
・瓶

＊事前準備：瓶は煮沸消毒する。もしくは沸騰したお湯に酢を入れ、そこに10分ほど浸した瓶でも構いません。

1 リラの枝から花だけを丁寧に取ります。

2 瓶に詰められるだけの花を入れます。

3 ホワイトヴィネガーを瓶の口より1cmほど下まで入れます。

4 日の当たらない場所で、3～4週間置いておきます。ときどき、瓶を振ってください。

5 濾し器やざるで4を一度濾し、その後瓶に戻して使います。

＊窓やテーブルの上などの拭き掃除に使います。動物に害がないので、ペットのケージの掃除に最適です。

Sirop de lilas maison

自家製リラのシロップ

【材料】
・リラの花　30 ～ 50g
・水　500ml
・上砂糖　450g
※ヴァニラシュガーやカソナード（きび糖）のように、砂糖自体に香りがあるとリラの香りがしません。
・レモン汁　大さじ1
・色づけ用の果物（ブラックベリー、イチゴなど）

1 リラの枝から花だけを丁寧に取ります。

2 水の中で花を泳がせ、小さな虫や花がらを取り除きます。その後、流水で再度洗います。

3 鍋に水と白砂糖と色づけ用の果物を入れ沸騰させます。

4 沸騰したら火を止め、中にリラの花を入れ、鍋に蓋をして48時間寝かせます。

5 濾し器やざるで4を濾し、煮沸消毒した瓶の中に注ぎ、保管します。

＊シロップは水か炭酸水で割って楽しみます。

Mai

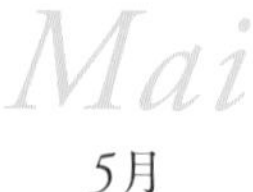

5月

ちょっとオシャレなマルシェの町

【*Uzès*（ユゼス）】

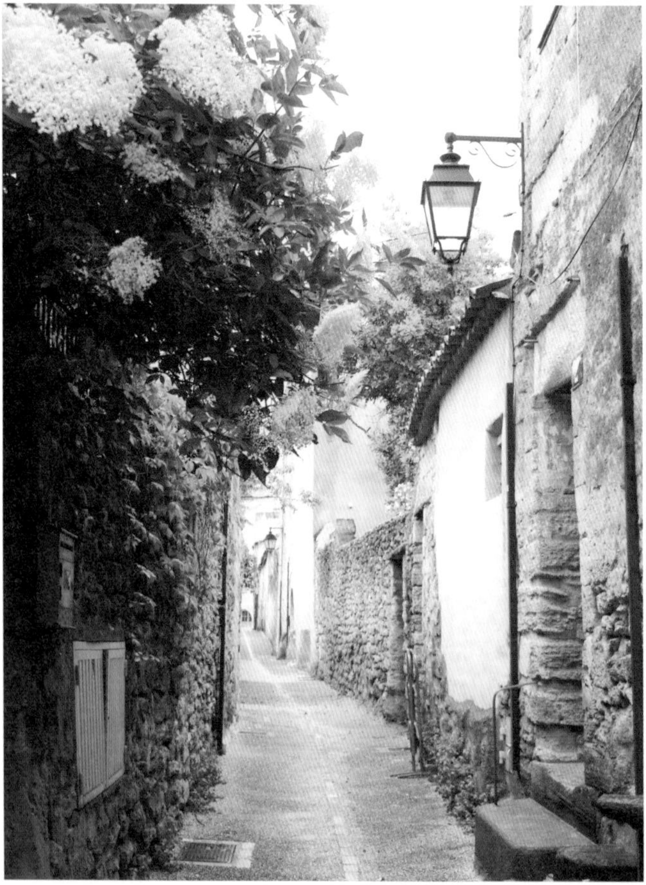

南仏のガール県にあるユゼスは、とってもオシャレな中世の町。ガール県の県庁があるニームから約30キロメートル、アヴィニョンから約40キロメートル離れた少し行きづらい場所にありますが、町から車で約20分の場所に世界遺産として名高い古代ローマの水道橋、Pont du Gard（ポン・デュ・ガール）があります。1565年、フランス初の公国（貴族を君主として有する国）となったユゼスは、1965年から町の修復が開始され、その歴史と同じだけの美しい遺産を有していることで知られています。

町の中心部には、フランスで唯一「Duché（デュシェ）」と呼ばれるユゼス城（公爵領）があります。この城はクリュソル家（ユゼス公家）の繁栄のシンボルでもあり、外から見えるゴシック様式の礼拝堂の屋根には、印象的なクリュソル家の紋章を表す釉薬のかかったタイルの屋根が見えます。小さな町だというのに、サン＝テオドリ大聖堂をはじめ、歴史的建造物として登録されている建物が40以上もあるのだとか。なんといっても見逃せないのが、1855年に設置された優雅な中央噴水のあるLa place aux Herbes（オー＝ゼルブ広場）。プラタナスの木が並ぶ美しい広場は、石造りのアーチで囲まれ、数軒のレストランが広場に並べた席で、多くの観光客が思い思いの時間を過ごします。

オー＝ゼルブ広場の周りでは、毎週水曜と土曜にマルシェが開かれています。水曜はユゼス産のアスパラガス、フロマージュやワインなど、地元の生産者さんたちが集まりますが、特に旅行者の方に足を運んでほしいのは、200もの店が連ねる毎週土曜です。1241年から始まったこのマルシェは、その色彩と香り、和気あいあいとした雰囲気が評判を呼び、今でも非常に人気のあるマルシェとして有名です。日常のマルシェ以外にも、夏のマルシェ・ノクターン、トリュフのマルシェ、オリーブ祭りやワイン祭りなど、マルシェ好きにはたまらない催しがいっぱい。また、マルシェの周辺にも、素敵なインテリアショップやブティックなどがあり、町散策が楽しいものになることでしょう。

町の中にはクリームがかった白い建物が所狭しと並び、細い路地が入り組んでいます。エスカルゴ状の街並みをぐるぐる回りながら歩いていると、Jardin médiéval（中世の庭）に出くわしました。この庭には、ほかの村同様たくさんの薬草が植えられているのですが、感動したのは、入り口の前に咲く藤の花。まるで、私の上に淡雪がこぼれ落ちてきたような儚(はかな)い姿に魅せられ、夢中になってその姿を何枚も写真に収めました。

おすすめは夕暮れどきから夜にかけて。オレンジ色の明かりがぼわーっと光り、中世の時代の建物をロマンティックに照らしてくれます。小さな町ではありますが、ぜひ1泊して楽しみたい大人の町です。

ParisからUzèsへの行き方

Paris-Lyon駅からTGVでNimes駅まで約3時間10分。そこから152番のバスに乗り換えUzès-Esplanadeまで約45分。乗換時間などを考慮して合計約4時間30分。

Mai
5月

ホワイトアスパラガスの食べ方

毎年、春先になると皆さんからよく「今年もそろそろホワイトアスパラの時期ですか?」と質問が届きます。フランスでは4月から6月が旬で、5月は最盛期。この時期になると、マルシェにはホワイトアスパラガスがこれでもかというほど並べられます。細いものから太いものまで、さまざまなサイズがありますが、甘みのあるホワイトアスパラガスは、トウモロコシのような味わいがあり、春の大きな楽しみの一つです。

もともと、日本にいるころから瓶詰めのホワイトアスパラガスが好きでしたが、フランスに来て、初めて生を食べてみてその美味しさにびっくり! 今では断然、夫より私のほうが好き。結婚当初は、春になると畑に行くのが楽しみでした。土の上にひょっこりと顔を出すホワイトアスパラガスの可愛らしさもたまりません。しかし、長年食べ続けられていたこともあり、生育が悪くなったため、悲しいことに10年前、一度すべての根っこを引き抜くことに……。

ある日のこと、夫が畑に50センチメートルほどの深さの穴を掘り始めました。見ていると、畑の端から端まで、10メートル以上掘り進んでいる場所もあります。「何してるの?」と聞くと、「ホワイトアスパラを作る」と言うではありませんか! アスパラガスを軟白栽培(光を遮った状態で栽培する方法)することで、ホワイトアスパラガスを作ることができるのです。そのため、アスパラガスが芽を出す直前に、上から土を被せて遮光します。

それにしても、アスパラガスの根って、まるでタコの足のようで、なんだかユーモラスだと思いませんか?

さて、畑作業に入りましょう。まずは夫が土を掘ったところに、私が等間隔に1つずつ根を置いていきます。見た目よりかがむ必要があるため、なかなか腰にくる作業です。根の上に優しく土を被せたところで、1年目はおしまい。最初の年のアスパラガスは食べないのがフランス流です。2年目になってようやく少しだけ食べる許可が下ります。ちなみに、緑のアスパラガスに比べ、ホワイトアスパラガスは柔らかく、苦みも少ないといわれています。

ホワイトアスパラガスを湯がくときは、必ずむいた皮と根元の食べられない部分も、一緒にフライパンに入れて湯がくのがコツです。一気に食べられない場合は、ゆで汁に漬けたまま保存容器に入れ、冷蔵保存してください。また、ゆで汁は絶対に捨てません。なぜなら、これを使ってパスタを湯がき、ホワイトアスパラガスを細かく刻んで入れると、旬の味を楽しむことができるからです。もしくは、このゆで汁を使ってリゾットにしても美味です。

*左ページ右下の写真は、植えてから1年目のアスパラガスを掘り返してみたところです。

Comment préparer les asperges blanches ?

ホワイトアスパラガスの下ゆで方法

【材料】
・ホワイトアスパラガス　お好みの量
・塩、レモン汁　各小さじ1
・バター　20ｇ

1 まずはホワイトアスパラガスをよく洗い、穂先から2cmくらい下がったところにピーラー(皮むき器)を当て、一気に皮をむきます。あまり薄くむきすぎると、繊維が残ってしまうことがあるので、もったいないですが、少し厚めに皮をむきましょう。

2 根元の硬い部分を切り落とします。

3 ホワイトアスパラガス、先ほどむいた皮、切り落とした根元を大きなフライパンに入れ、ひたひたになるまで水を入れ、塩、レモン汁、バターを入れ、湯がきます。

4 ときどき串を刺してみて、ちょうどよい硬さになったら火を止め、そのまま冷やします。このとき、ホワイトアスパラガスがしっかりとうまみを吸い込むので、必ずゆで汁の中にホワイトアスパラガスを入れたままにしましょう。

5 冷めたら、お好みの方法で食します。フランスではマヨネーズと一緒にシンプルに食べることが多いです。

Mai
5月

モネの庭のファン必見！ 睡蓮の里
【*Latour-Marliac*（ラトゥール・マルリアック）】

世界中で最も有名な庭園の一つ、ノルマンディーにあるGiverny（ジヴェルニー）の「モネの庭」。画家クロード・モネの代表作である《睡蓮》は、あまりにも有名ですが、皆さんはこの絵の中で咲く睡蓮の花がどこから来たものかご存じですか？

ラトゥール・マルリアック。ここはヌーヴェル・アキテーヌ地方、ロット・エ・ガロンヌ県にある知る人ぞ知る植物園です。1875年に植物学者であるラトゥール・マルリアック氏によって、品種改良された睡蓮の繁殖、栽培、販売のために設立されました。彼が設計した世界で最も古い睡蓮の苗床には、250種類以上の育てやすい睡蓮や熱帯睡蓮、また世界中から集められたユニークな植物など、さまざまな水生植物が植えられています。

ヨーロッパで丈夫な睡蓮といえば「白」しかなかった時代。しかし、彼は謎に包まれていた睡蓮を交配させる方法を発見しました。マルリアックは白い睡蓮とアメリカ産などの野生品種を交配させ、非常に困難だった色を生み出しました。繊細な黄色からフクシア色（赤紫色）、強烈な赤までの素晴らしい睡蓮のコレクションを作ることに成功したのです。

1889年、パリ万国博覧会でエッフェル塔と同時に、トロカデロ広場前のウオーターガーデンに彼の睡蓮が発表され大評判を呼びました。それがモネの目に留まり、2人は運命の出会いを果たします。モネはこのトロカデロ広場での感動から、ジヴェルニーに水の庭を造ることに。ジヴェルニーの池が完成すると、彼はマルリアックに大量の睡蓮を注文しました。その注文書は現在もラトゥール・マルリアック植物園の書庫に存在しているのです。

これらは、パリのオランジュリー美術館に展示されている《睡蓮》の主題となったと同時に、植物学上、ヨーロッパで白ではない睡蓮が育った最初の記録の一つともなっています。しかしながら、モネの代表作である《睡蓮》の制作過程における、ラトゥール・マルリアックの役割についての言及がほとんどないと、植物園のウェブサイトに書かれていました。とても残念だったでしょうね。ちなみに、モネがマルリアックに睡蓮を注文した最初の記録は1894年。その後も何度も注文し、購入した品種はすべて記録に残されています。そう思うとマルリアックは、あのジヴェルニーの陰の立役者でもあるわけです。

さて、こちらの植物園にはそのほかの植物もたくさん植えられていて、中でも竹林が素晴らしいことで有名です。園内には小さな滝もあり、ここで涼んでいる人たちも見かけました。そして、あの太鼓橋も存在しています。ジヴェルニーの庭はもちろん素晴らしいですが、ぜひマルリアックの功績を見に〝睡蓮の里〟まで足を運んでみてください。

＊ラトゥール・マルリアックの営業日については毎年確認が必要ですが、庭園・美術館・ショップ：4月15日〜10月15日／レストラン・カフェ：5月1日〜9月30日、10月15日より団体見学のみ（完全予約制）になります。

ParisからLatour-Marliacへの行き方

Montparnasse駅からTGVでBordeaux-Saint-Jean駅まで約2時間10分。地域圏急行TERに乗り換えTonneins駅まで約55分。そこから444番のバスに乗り換え、Temple/Lot-Bourgまで約40分(Latour-Marliacまでは徒歩6分ほどです)。乗換時間などを考慮して合計約約5時間30分。

Juin
6月

エルダーフラワーに囲まれた暮らし

私の住む村は標高650メートルの小さな丘の上にあり、前面は麦畑やひまわり畑、背面は森に囲まれています。冬はマイナス10度くらいまで下がり、夏は比較的涼しいため、北海道や軽井沢など避暑地のような気候です。普段から自然に囲まれて暮らしているため、季節ごとに咲く花や野草とともに生きるようになりました。

初夏になり、やっとあたりの気温が上がってくるころ、家の周りでは、優しいマスカットのような爽やかな香りが漂います。その香りにつられるように森に入ると、木々にはまるでレースフラワーのような繊細な花たちが咲いているのです。そう、Sureau noir（エルダーフラワー）の群生です。オーヴェルニュ地方では雑木として扱われるほど成長しやすく、満開になると、まるで靄（もや）がかかったように真っ白な光景が広がります。この花が咲き始めると、かごを片手にご近所散歩。歩いて1分のところにあるシャンブル・ドットを営むお宅には、道沿いに大量にエルダーフラワーが咲くため、いつもお裾分けをいただきます。もちろん、何も言わなくても大丈夫。ときどき、背後からトラクターの音が聞こえ、「おーい、今年も作るのかい？」と声がかかります。どうやら、私がエルダーフラワーコーディアルを作ることが村の中で知れ渡っているらしく、最近では若いママさんにまで声をかけられるようになりました。

コーディアルとは、果物やハーブ、植物の根などを使った甘めのシロップで、古くは医薬品としても重宝されていました。特に、エルダーフラワーの花から作ったコーディアルは、水や炭酸水で薄めると爽やかな夏の飲み物となり、子どもたちにも大人気です。もちろん、このコーディアルを使って、さまざまなお菓子作りも楽しめます。また、秋になると真っ黒なエルダーベリー（実）を使ってコンフィチュール（ジャム）や果実酒を作ることができるので、1年で2回楽しめます。かつては風邪やインフルエンザの民間療法として利用されてきた歴史もあり、今でも身近なハーブとして愛されています。ただし、エルダーフラワーは花と実以外には毒があるため気をつけて！　日本ではあまり知られていないと思いますが、エルダーフラワーの葉は天然の防虫剤としても使われ、特にアリ除けとして使われます。

最近の私のお気に入りは、エルダーフラワーワイン（日本の場合、酒税法が厳しいため、自宅でお酒を造る際は気をつけてください）。ワインに砂糖とホワイトリカーに似たアルコールが入るため、どちらかというと、リキュールのような感じになります。造り方はそれほど難しいものではなく、エルダーフラワーをたくさん摘んできて、花をワインに48時間漬けておき、その後しっかり濾してカーヴ（貯蔵庫）にて保管します。1カ月ほど待つと、香り立つエルダーワインが完成！　いろいろとコツはあるのですが、大切なのはどのワインで造るかです。我が家はみんなロゼがお気に入り。今年も花が咲いたら、かごを持って花を摘みに行きましょう。

Juin
6月

最近のお気に入りの村
【*Monpazier*（モンパジエ）】

最近お気に入りの村といえばモンパジエ。毎年、何度訪れているかわからないほど、旅の帰りにふらっと立ち寄ります。どの季節に行っても美しいのですが、やはりバラの咲く時期の美しさは格別です。モンパジエはフランス南西部ヌーヴェル・アキテーヌ地方、ドルドーニュ県の西側にあり、ワインで有名なベルジュラックから車で約45分の場所にあります。車でしか行けないというのに、いつも多くの観光客でにぎわっている村です。

モンパジエといえば、やはり「バスティード」。バスティードとは13世紀ごろ、フランス南西部で新たな都市計画により造られた新都市のことです。中でもここモンパジエは、バスティードの最高傑作として名高い村で、偉大な建築家であるヴィオレ・ル・デュック、ル・コルビュジエにも影響を与えました。フランス南西部には300を超えるバスティードが存在しますが、そのモデルプランとしても有名で、1284年にイングランドのエドワード1世の命により創立されて以来、百年戦争を経てもなお、多くの歴史的な建造物が残った珍しい村です。

村を囲っていた要塞は、バスティードを建設した初期のころから6つの見張り台と門が設置されていました。現在では北側に2つ、南側に1つの計3つの門が残るだけになっていますが、この門壁の周りには多くの花が植えられ、私たちの目を楽しませてくれます。

今も残るコルニエール広場に面した美しいアーケードの下には、多くのカフェや面白い店が入っていて、帽子好きの私が必ず立ち寄る「TWO CATS」という帽子屋さんもあります。ここのムッシュは、その人の頭を見るだけで、似合う帽子を選んでくれるので、彼の見立てを眺めているのも面白いところ。私もいくつかこの店で麦わら帽子を買いました。中央のコルニエール広場から眺めると、「TWO CATS」の看板が門壁を彩るバラに埋もれているようにも見え、その隙間から、店の天井に無数に飾られた帽子が目に入ります。

モンパジエでは、木曜の朝に開かれるマルシェが有名ですが、個人的に好きなのはときどき行われているブロカント（蚤の市）。何度か訪れていますが、ここで大好きなお皿をいくつか買いました。広場にある屋根付きの市場は、13世紀に栗の木で造られており、あらゆるサイズの「Boisseau（ボワソー）」と呼ばれる穀物の計量器が今でも設置されています。かつては穀物、栗、リンゴなどを販売していたようです。また、昔、税として集められていた穀物の保管場所となっていた「シャピトルの家」や、その斜め前にあるサン・ドミニク教会にもぜひ足を運んでみてくださいね。

こうやって見どころを書いている私も、また訪れてみたくなったのはいうまでもありません。

MAIRIE

ParisからMonpazierへの行き方

Montparnasse駅からTGVでBordeaux-Saint-Jean駅まで約2時間10分。地域圏急行TERに乗り換えLe Buisson駅まで約1時間50分。そこからタクシーで約25分（約25km）。乗換時間などを考慮して合計約5時間30分。

Juin
6月

バラに誘われて訪れた町
【*Senlis*（サンリス）】

オー・ド・フランス地方、オワーズ県にあるサンリス。最初に訪れたのは、友人がブロカント（蚤の市）に連れていってくれた16年ほど前のこと。今は電車が走っていない駅前広場（現在はバス乗り場）には、たくさんのアンティークが並んでいて、目を輝かせながら布をいっぱい買い込み、飛行機に乗る際にスーツケースが重量オーバーし、超過料金を支払う羽目になった苦い思い出があります。

しかし、いちばん驚いたのはこの町がバラに囲まれていたこと。それからというもの、記憶に残る桜色のバラを求め、何度も訪れることになりました。お気に入りなのが、２０１９年10月１日から一般公開されているサンリス・ノートル＝ダム大聖堂の裏手にある美しいJardins de l'évêché（レヴェシェの庭）。この庭は、何度も修復されながら、現在の姿になっています。庭園の中にはもちろん多くのバラが植えられ、中世のころ、食用や薬用として用いられたハーブがたくさん。

初めてこの庭を訪れたときのことを思い出すと、今でも笑ってしまいます。中に入ってみたいと思うのに、入り口の位置がわかりにくく、アイアン製の扉には鎖状の鍵が何重にも巻きつけられていたのです。私の後に訪れた人たちも、みんな残念そうな顔をして帰っていきます。仕方なくオフィス・ド・ツーリズムに行き、中に入れないのか聞いてみると、「扉を押せば入れるわよ」と言うじゃありませんか！　半信半疑ながら、もう一度庭に戻って扉を押すと、簡単に開きました。よく見たら、扉に鍵がかかっていると思ったのは勘違い。扉の一部に鍵が巻きつけられていただけだったのです。中でゆっくりと写真を撮っていると、私の姿を見つけた人たちが「どうやって入ったの?」と声をかけてきて種明かし。みんなで大笑いしました。ちなみに、このサンリスの大聖堂はフランスで最も小さな大聖堂の一つとして知られています。

街中をぶらぶら歩いていると、あちらこちらでバラが石壁に沿って、なんとも重そうに重なり合いながら咲いています。そんなバラに誘われて、「アトリエ」と書かれた門をくぐると、なんと中は美容院。マダムが出てきたので、「すみません」と言って出ようとすると、「せっかく素敵に咲いているのだから写真を撮ってあげて」と言われ、心が温かくなりました。

石造りの街並みを抜けて大通りまで出ると、川沿いに小さな階段を発見。小さな看板には、「Passage des carmes（カルムの散歩道）」と書かれています。人が1人しか通れないこの細い道をゆっくり歩くと、町の外周を川の流れとともに楽しむことができます。この通りが私のお気に入り。イギリス風の邸宅の門にバラが幾重にも咲き、青い空によく映えていました。

実はこの町、シャルル・ド・ゴール空港からバス1本で簡単に行くことができるので、フランス旅行の最終日にどこかに行きたいなと思ったときは、思い出してくださいね。

ParisからSenlisへの行き方

Paris-Nord（パリ北駅）からRER D線でCreil駅まで約55分。そこから630番のバスに乗り換えSenlis Gare Routièreまで約20分。乗換時間などを考慮して合計約1時間30分。

＊CDG空港からも630番のバスで行くことが可能です（約25分）。

Juin
6月

柔らかいブルーの亜麻畑

柔らかなブルーの花が大地を覆い尽くす5月末から6月。皆さんは、亜麻畑を見たことがありますか？　亜麻（フラックス）というアマ科の植物を原料に作られるリネンは、フランス語では「Lin（ラン）」と呼ばれ、ヘンプ、ジュートとともに、麻の一種です。リネンといえば思い出すのは、テーブルクロスやナプキン、それともワンピースやスカートといったところでしょうか。

10万ヘクタールの栽培面積を持つフランスは、亜麻の生産量だけ見ると世界一。この収穫した亜麻の8割は、中国やアジア、残りは東欧に送られ、最終的に加工されたものを逆輸入するという、不思議な構造を生み出してきました。しかし、この事態をなんとか打開したいと、フランス北東部のアルザス地方にある会社が紡績工場を造り、100パーセントフランス産のリネンを再び世に送り出すために歩み始めたのです。その後、北西部のノルマンディー地方にあったいくつかの製糸工場も復活し、少しずつ国内回帰が進み出しています。もともと、亜麻をはじめとする麻栽培には肥料も農薬もほとんど必要なく、コットンに比べると環境負荷が少ない植物。人類最古の繊維ともいわれ、その愛らしいブルーの花は多くの人を魅了します。ノルマンディーでは約40キロメートルにわたってLa Route du Lin（亜麻の道）というサイクリングロードがあり、亜麻畑が出現する場所によって、毎年ルートが変わります。

もちろん、リネンの一番の産地はノルマンディー。特にセーヌ・マリティーム県とウール県で最も多くの亜麻栽培が見られます。海に近づくほど品質がよくなり、収穫量が増えるといわれていますが、そういえば私が美しい亜麻畑を見たのも海岸沿いでした。これらの地域は比較的温暖で、非常に少ない気温差と適度な降雨のおかげで、植物が安定的かつ高品質に成長します。2017年から2020年の間に亜麻の栽培面積は40パーセントも増加し、ノルマンディーだけで世界の麻繊維の50パーセントを生産します。

そんな亜麻畑を撮影したいという熱い気持ちはあるのですが、我が家からノルマンディーまでの道のりは非常に遠く、開花時期ぴったりに行くことは難しいのが悩みの種。しかし、そんな私の熱意が通じたのか、私が住む中央部のオーヴェルニュ地方でも美しい亜麻畑が出現するようになりました。

亜麻の花の写真を撮ろうと思ったら、やはり早起きが大切。夜明けごろになるとひっそりと花を開き、お昼にはほぼ散ってしまうからです。もちろん、一つひとつの茎には、複数の花が咲きますが、どの花も一度だけの開花で儚(はかな)くも散っていきます。それにしても、この花が咲くころ、ちょうどコクリコ（ひなげし）も咲き始め、青い亜麻に白い雲、最後にコクリコとトリコロール完成！　なんともフランスらしい景色だと、毎年微笑んで眺めています。

Juillet

7月

幸せを願う小麦のブーケ

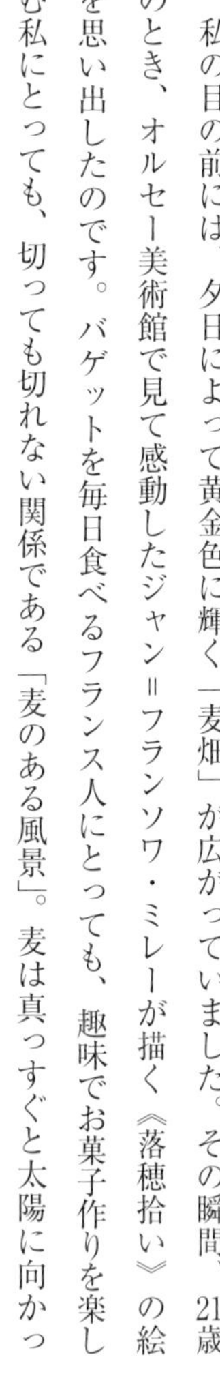

私の目の前には、夕日によって黄金色に輝く「麦畑」が広がっていました。その瞬間、21歳のとき、オルセー美術館で見て感動したジャン＝フランソワ・ミレーが描く《落穂拾い》の絵を思い出したのです。バゲットを毎日食べるフランス人にとっても、趣味でお菓子作りを楽しむ私にとっても、切っても切れない関係である「麦のある風景」。麦は真っすぐと太陽に向かって育ち、風とともに流れるようにうねり、普段は見ることのできない風の存在を教えてくれます。その姿はまるで歌を唄っているかのようで、大地を踏みしめながら目をゆっくり閉じると、自分が自然と一体化したように感じるのです。

私が住んでいるオーヴェルニュ・ローヌ・アルプ地方は、フランスで3番目の穀物地帯。今年も私の住む村の周りでは、多くの麦が育てられています。小麦、大麦、デュラム小麦、オーツ麦など、育てられている品種はさまざまですが、それらは人間である私たちだけでなく、多種多様な恩恵を与えてくれる動物たちの飼料にもなります。
そして小麦の収穫は、昔から農家の人々にお金やパン、仕事、繁栄などを与えてくれました。村の周りで、ゆっくりと草を食む牛や羊たちを眺めていると、人は決して一人では生きていけないのだと痛切に感じています。皆さんも、ぜひフランスを旅する機会があれば、フランスの広大な麦畑を眺めてみてくださいね。
さて、皆さんはそんな麦を使ったおまじないをご存じですか？ 10年前に本で読んだ「LA LÉGENDE DES 7 ÉPIS DE BLÉ（7つの麦の穂伝説）」は、私が毎年行っている小さな、小さなおまじない。
――7月7日朝7時に小麦を7本摘んできます（もしくは、6月24日の聖ヨハネの日でもよいとされています）。それらを小さなブーケにして、玄関や部屋の扉、もしくは暖炉の上に飾ると、次の年の7月7日（または聖ヨハネの日）まで1年間、幸せと繁栄をもたらしてくれるそうです。ケルトやインカなど多くの巨石文明で見られる信仰だそうで、「7本の麦の穂は幸運をもたらす」といわれています。
皆さんも、大切な人に小さな幸せを願って小麦のブーケをプレゼントしてみませんか？

Juillet
7月

秘密にしておきたい可愛い村
【Issigeac（イシジャック）】

南西部、ヌーヴェル・アキテーヌ地方のドルドーニュ県とロット・エ・ガロンヌ県の県境にあるイシジャック。このあたりでよく見かける碁盤の目状に区画されたバスティードタイプの村とは対照的に、通りや路地が交差するエスカルゴ状の街並みになっています。

毎週日曜に教会前の広場や路地で開かれるマルシェは、〝アキテーヌの最も美しい市場〟として選ばれるほど。ヴァカンスシーズンともなると木曜の夜にMarché nocturne（夜市）が開かれ、ヨーロッパの長い夏の夜を存分に楽しめます。村の喧騒に疲れたら、美味しい地元のレストランやカフェでほっとひと息。路地を歩きながら、おしゃれなインテリアショップやアンティークショップをのぞいたり……。素敵なショップがあることも、多くの観光客を惹きつける理由なのかもしれません。

今まで、フランスの田舎らしい可愛い雑貨を探したいときは、プロヴァンスに行くのが一番と思っていましたが、最近はフランス南西部も私のお気に入り。ペリゴール地方と呼ばれるフランスの旧州は現在のドルドーニュ県とほぼ一致し、この地方独特の文化はとても魅力的なのです。美食の地としても名高く、フォアグラとトリュフはその代表格。古代ローマ時代の遺跡や先史時代の史跡も豊富に残っており、最も有名なラスコー洞窟は、教科書で見た記憶がある方も多いのでは？

さて、ここイシジャックでぜひ訪れていただきたいのが、7月に行われるFoire aux paniers et à la vannerie（かご祭り）。川沿いにいくつも並ぶ小さな職人のブースには、この日に向けて作られたさまざまな地方のかごが所狭しと並びます。かご好きな女性の方には、見逃せないお祭りです。

それにしても、このあたりにある小さな村を散策していると、驚くほど英語が聞こえてきます。「イギリス人がフランス南西部の家をこれだけ買い占めているのは、百年戦争で失った土地を取り戻すため」と冗談でいわれるほど英語話者の多い地域で、日本人の私から見ても不思議と異国の雰囲気が漂っています。彼らの多くはマルシェに出店したり、荒廃してフランス人が買わない家を改装し、ジットやシャンブル・ドットにして収入を得たりしているのだそう。

おおよそ13～16世紀に造られた古い建物やコロンバージュ（木骨造）がひしめくように立ち並ぶイシジャック。ふと、中世に迷い込んだ錯覚に陥るこの村は、フランス通の方にこそ、訪れていただきたい村の一つです。

ParisからIssigeacへの行き方

Montparnasse駅からTGVでBordeaux-Saint-Jean駅まで約2時間10分。地域圏急行TERに乗り換えBergerac駅まで約1時間15分。そこから4Aのバスに乗り換えIssigeac-Loge Du Prévôtまで約25分。乗換時間などを考慮して合計約4時間30分。

Juillet
7月

プロヴァンスに伝わる美しい物語

アルプ・ド・オート・プロヴァンス県にあるリュール山。この世に、まだ妖精が住んでいたといわれる遥か昔、その山で芽吹いた野生のラベンダーの中から、ブロンドの髪に透き通るような碧い目を持った美しい妖精「ラバンデュラ」が生まれました。

――ラバンデュラは、旅をするのが大好きな妖精。世界中をめぐり、さまざまな景色を楽しんできました。やがて時は流れ……。彼女はそろそろ、どこかに居を構え落ち着きたいと、ノートに描かれた風景画をめくったのです。

「うそ……」。彼女が手を止めたページに描かれていたのは、プロヴァンスの乾いた大地。その荒んだ光景に心が痛み、知らぬ間に涙がこぼれ落ちました。

その美しい涙はラベンダー色。

あまりの悲しさから、ノートの上に倒れ込み、ひとしきり泣き続けると、彼女の涙は荒れ地の上を青く、青く染めていきました。どれくらい泣いたことでしょう。

ふと、顔を上げると大変！　なんと、プロヴァンスの大地は彼女の涙で染まってしまったのです。必死でその色をぬぐおうとしますが、ラバンデュラの優しい涙は消え去ることなく、美しいラベンダー畑になったのです。

そんなプロヴァンスの可愛らしい逸話。大地を美しく染めるラベンダーが妖精のおかげだったという話は、私だけでなく誰もが信じたくなりますね。

約2000年前、ローマ人はその鮮やかな紫色と気品のある香りに魅了され、お風呂やリネンの香りづけに使い始めました。「洗う、清める」という意味のラテン語「Lavare」から、その名がつけられたともいいます。また、タンスの中にラベンダーを入れ、香りをまとわせると、衣類を害虫から守る性質があることも知られました。中世になると、防腐効果、鎮静効果、癒やし効果があると認識されるようになり、野生のラベンダーの花を採取し、傷を癒やすために使用されたという記述も残っています。

プロヴァンスでは多くのラベンダー製品が売られていますが、景色を眺めるだけでなく、プロヴァンス名物でもある「ラタトゥイユ」に、香り高い茎の部分を用いるレシピもあるほどです。私はそんなラベンダーの香りをさらに楽しむために、スコーンやお菓子にも入れています。

夏の間のさわやかな香り。ぜひ皆さんも、見るだけではなく実際の暮らしに使ってみてください。

6 火を中火に落とし、蓋を少しずらしたまま加熱します。この状態で、これまでに使った道具を洗い終わるくらいの時間が経ったら、野菜の上下を返すようにざっくり混ぜます。

7 味見をして、野菜にしっかり火が通っているのを確認したら、お皿に盛りつけます。いちばん上にラベンダーの花を飾りつけたら出来上がり！

＊友人から教えてもらったレシピです。

＊野菜の形を崩さないように！トマトの水分が多いようなら、蓋は外します。びっくりするくらい水分が出るため、水は1滴も加えません。様子を見ながら上下を返し、火加減の調整をしてください。

＊野菜の比率は好みですが、トマトが少ないと美味しくならないのでご注意を。

＊塩味が足りないと感じたら、途中で足してもいいですが、あまり塩を入れないで野菜の味を楽しみましょう。

Ratatouille à la lavande fine

ラタトゥイユ ラベンダー風味

【材料】
・タマネギ、トマト、ナス、ズッキーニ、黄色いピーマン（パプリカ）
・オリーブオイル、塩　適量
・ラベンダー　2、3本（ラベンダーの量は好みでいいです）

1 厚手の鍋にオリーブオイルをたっぷり注ぎ、火を入れる前に塩を入れます。

＊ナスが油をかなり吸い込むため、普通の炒めものよりかなり多めでOK。
＊食材を油で炒めると食材表面に油膜ができるため、油に塩を溶かすことで、油と一緒に塩が食材の中に入ります。

2 タマネギは小指の爪くらいの大きさで適当に角切り。トマトはヘタを取って皮付きのままザク切り。ほかの野菜もゴロゴロとした大きさで角切りします。

3 1の鍋を熱し、塩がほぼ溶けたらタマネギを透明になるまで炒め、その後、ナス⇒ズッキーニ⇒パプリカの順に投入。

＊それぞれの野菜は表面が加熱されたら順番に追加していきます。
＊ナスを加えた段階で、油が足りない印象がある場合、ナスを鍋の真ん中に配置し、端のほうからオリーブオイルを足します。野菜に直接油をかけないことがポイント（油にすぐ熱が入るようにするため）。

4 全体的に5割程度の加熱具合になったら、トマトを上から蓋をするように加えます。

5 ここで、ようやくラベンダーを投入！ 親指、人差し指、中指の3本で摘まんだら、3、4回くらいに分け、パラパラと「美味しくなーれ」とお願いしながら加えます。（←ここが大事）

Juillet

7月

野草合宿とひと夏の思い出

【*Cajarc*（カジャルク）】

地元の方たちが「カジャ」と親しみを込めて呼ぶカジャルクを訪れることになったのは、以前からずっと学びたかった「夏野草を学ぶ合宿」に参加するため。私の本の中でもたびたび紹介している、「フランスの最も美しい村」の一つ、南西部にあるSaint cirq Lapopie（サン・シル・ラポピー）から車で約20分の場所にあるロット川沿いの小さな村です。夏の光を浴びて、真っ青に輝くロット川を渡った先にある小さなシャンブル・ドットを借り、15名で学ぶことになりました。到着すると、すでに先生が野草を使い夕食を作ってくれていて、いい香りがしてきます。この日から始まった1週間の合宿は、多くの友人と野草の知識をより深く探求することができ、私にとって実りある時間となりました。面白かったのは、ツタからせっけんが作れるということ。さまざまな注意点がありますが、地を這うタイプではなく、Lierra grimpant（セイヨウキヅタ）のように、上へ上へとよじ登って成長するタイプを使うことが大切。しかも、できるだけ上から3枚目くらいまでの若葉を使用します。せっけんの成分の一つであるサポニンの濃度が高いため、ホームケア用品、家庭用洗剤としても使える万能選手です。

実地研修が終わり、宿に戻るとそこから野草料理を楽しみます。中でも人気があったのがpesto（ペスト）と呼ばれる野草のペーストで、オレガノやセイヨウイラクサをオリーブオイル、クルミ、塩などと一緒にフードプロセッサーで細かく粉砕して作ります。あまりにもパンが美味しく食べられるため、みんなでさっそく村の中心部へパンを買いに行きました。すると、そこにはどう見ても廃棄されていたであろう自転車がいっぱい！　どの自転車にも花が飾りつけられていて、村のシンボルとなっていました。オフィス・ド・ツーリズムの近くにそびえる小さなエッフェル塔は、村にある鉄工所が自分たちの技術を見せるために作ったらしく、ちょっとした撮影スポットに。

さて、この村の先をずっと歩いていくと、「Gouffre De Lantouy（ラントゥイの裂け目）」と呼ばれる美しいコバルトブルーの泉があります。そこには恐ろしい伝説が……。

——もともと、この美しい泉の近くには修道院がありました。小さな修道院は活気にあふれており、修道女たちは日々の仕事や祈りの時間に追われ、子連れの洗濯婦を雇うことにしました。ある日、いつもより早い時間に洗濯婦はおなかがすき、少し早めに修道院に戻るとすでにシチューが用意されていました。喜んで食べてみると、その中には子どもの指が……。その瞬間、彼女の悲鳴が国中に響き渡り、修道院に呪いをかけました。彼女を哀れんだ天使が願いを聞き届けると、大地が裂け、修道院は水の中に飲み込まれ、この世のものとは思えない美しい泉が現れたそうです。

友人たちと震えながら歩いたあたりには、まるで水の色を表したかのような青いトンボが飛んでいました。

ParisからCajarcへの行き方

Austerlitz 駅から特急列車IntercitésでCahors 駅まで約5時間50分。そこから889番のバスに乗り換えCajarc-stadeまで約1時間。乗換時間などを考慮して合計約7時間20分。

＊Paris-Orly空港からRodez空港まで約1時間15分。そこからタクシーで約1時間10分（約70km）。

Août
8月

アンヌ・ヴィルランジュの住む山の世界
【*Col du Galibier*（ガリビエール峠）】

4月でご紹介したリル・シュル・ラ・ソルグ（22ページ参照）を訪れたときのこと。そこで一枚の心温まる絵に出会いました。その絵を描いた画家さんは、まるで少女が草原から飛び出てきたような可愛らしい女性、アンヌ・ヴィルランジュ。彼女の作品はミクストメディア（複数の素材を使用して制作されたアート作品）からなり、ペインティング、コラージュなどを駆使して思い描く世界を形にするのです。アンヌは半年の間、リル・シュル・ラ・ソルグでギャラリーを開き、半年の間、オート・アルプ県（プロヴァンス・アルプ・コート・ダジュール地方）の山の村にこもり絵を描く日々を送ります。実際、ギャラリーにいると、彼女の絵にひと目惚れする人は多く、たまたま通りがかった旅行客の方も、ポストカードやポスターを手にします。そんな私もファンの一人。少しずつ仲良くなり、「アトリエに遊びに来ない?」と招待してもらうまでになりました。

オート・アルプ県は山岳地帯。県の平均標高はフランス国内で最も高い位置にあります。標高が高いということで、冬はとにかくスキーが盛ん。なんといっても有名なのはセール・シュヴァリエで、北東側に面しているコースは全長250キロメートルもあります。また、ツール・ド・フランス（自転車ロードレース）が好きな方なら、誰もが知っている標高2642メートルのCol du Galibier（ガリビエール峠）は圧巻！　アルプス越えのステージとして知られるこの峠は、ほぼ毎年登場する定番の難所として知られています。この峠を走っている最中に見られるのが可愛い野生動物のマルモット。少し離れた場所からしか見られないので、写真がうまく撮れないのですが、練習中の選手たちも思わず自転車を停めてスマートフォンで撮影しているほど。眼下に見えるフランスの雄大な自然を感じたい方には、ぜひ訪れてほしい場所です。

さて、いよいよ彼女のアトリエに到着すると、いつものように笑顔で出迎えてくれました。部屋の奥には、魅力的な芸術書がいっぱい並び、彼女らしいキッチュなインテリアに目がいきます。しかし、いちばんびっくりしたのは、机の上にある膨大な紙の量！　彼女は作品作りをする前に、さまざまな紙に絵を描きます。これらをインスピレーションのまま手でちぎり、物語をつないでいくのです。私と話しながら楽しそうに紙をちぎっていく姿は、まるで小さな女の子のようでした。

犬や猫たちと一緒に暮らし、山岳ガイドのパートナーと一緒に山に登り、花を愛で、動物たちの息吹を感じながら紡ぎ出される作品たち。そんな環境の中で描かれる絵は、慈愛に満ちあふれ、少し尖ってしまった心の角を丸くしてくれるような気がします。

私のいちばん好きな絵は、なんともロマンティックな《Roman comme un paysage（景色のような物語）》。アンヌの素敵な絵が、少しでも多くの日本の皆さんにご覧いただけるよう、これからもご紹介していきたいと思っています。

ParisからCol du Galibierへの行き方

Paris-Lyon駅からChambery Challes-les-Eaux駅まで約2時間50分。地域圏急行TERに乗り換えSt-Michel-Valloireまで約1時間15分。さらにタクシーに乗りガリビエール峠までのドライブを楽しんでください（約35km）。乗換時間などを考慮して合計約5時間。

Août

8月

養蜂を始めよう！

「この世でいちばん怖いものは？」と聞かれたら、なんの迷いもなく「蜂」と答えていた私。そんな私が今では蜂を可愛いと思うまでになったのですから、人生は本当に面白いですね。いつから蜂に興味を持ったのかと思い返してみると、「世界的に蜜蜂が減少している」というニュースを見かけることが多くなったからでしょうか。自然の中で暮らしている私に少しでもできることはないかと考え、養蜂を始めることにしたのです。

最初に手がけたのが、「蜜源植物（蜜蜂が蜂蜜を作るために花から蜜を集める植物）」を育てること。もともと我が家の畑には、ニセアカシアや栗、桜、桃など、さまざまな木が植わっていたのですが、マスタードを一面に咲かせ、ラベンダーをせっせと増やし、少しずつ少しずつ蜂の住みやすい環境を整えていきました。蜂の減少に心を痛めていたのはどうやら夫も同じだったようで、近くに住む養蜂家ジャン＝ピエールの元へ足しげく通うようになりました。ジャン＝ピエールは御年84歳。誰が見ても60歳くらいにしか見えず、年齢不詳の心優しいおじさんです。おまけに蜂蜜のおかげなのか、とにかく肌もつやつやでうらやましい限り。

実は昨今のオーヴェルニュの養蜂事情は深刻で、２０２１年の春は80パーセント近くの蜂が死んでしまったこともあると教えてもらいました。理由は寒さ。５月になっても花がなかなか咲かず、花が咲いても花粉がほとんどなかったからです。

そんな環境の厳しさを乗り越え、初めて家族みんなで採蜜したときの感動は、今でも忘れられません。巣箱から巣枠を取り出し、蜜蓋をナイフで外したら、その巣枠を遠心分離機にかけます。最初はゆっくりと、徐々に回転を速くしていくと、蜂蜜が次第に落下していきます。巣枠を表裏2回ずつ、分離機に計4回かけ、すべての巣枠が終わると、やっと蛇口をひねります。すると黄金色に輝く蜂蜜が！　思わず歓喜の声が上がります。

今年の春に採れた蜂蜜は「Miel Mille Fleurs（千の花の蜜）」。日本では百花蜜と呼ばれる、さまざまな花の蜜を集めた蜂蜜です。ティヨール（菩提樹）、ニセアカシア、栗など、たくさんの種類の花の香りが鼻の中に広がり、味も華やか、かつ濃厚です。

1匹の蜂が一生に集められる蜂蜜は、わずかティースプーン1杯。最後に巣枠に残った蜂蜜は、もう一度蜂たちの元へ返してあげます。「ありがとう」と感謝の気持ちを込めて……。

Août

8月

ひまわりの海へ

7月から8月にかけ、オーヴェルニュ地方は一面に黄色が広がります。この景色は我が地方の風物詩。丘の上から眼下を眺めると、まるで波を打つかのようにひまわりの花がうねりながら咲いています。ひまわりは誰でも知っている有名な花。フィンセント・ファン・ゴッホの世界的に有名な《ひまわり》にも描かれていますが、ポール・ゴーギャンとの共同生活を送る際、部屋に飾ろうとして制作したといわれます。明るい南仏の太陽の下でも光を受け輝くように咲くひまわり。プロヴァンスではラベンダー畑の横にひまわり畑があることが多く、紫と黄色の2色の帯のようになって咲いている姿をよく見かけます。

毎年、この季節になると、楽しみにひまわり畑を撮影していますが、この景色をブログなどに載せると「こんなにひまわりばかり植えているのはなんのためですか?」と質問がきます。ひまわりは、菜種、オリーブとともに、ヨーロッパにおける三大食用油の一つであり、食用や飼料にもなります。そのため、純粋に農作物として育てられており、観光のため植えられているわけではありません。観光客以外、私のほかに写真を撮っている人は一人もいませんし、ましてやわざわざ車で見学に来る人も皆無です。なにしろ、そこかしこに咲いているわけですから、フランス人たちにとって単なる夏のひとコマなのでしょう。そんな実用的な花ですが、よく、いつも元気で明るい人のことを「ひまわりのような人だね」と形容することがあります。

しかし、ギリシャ神話では、とても悲しい物語があるのです。

――海神の娘である海の精クリュティエは、太陽神アポロンにひと目惚れをします。毎日空を見上げては、彼の姿を追い続けていました。そこまで想いを寄せられていたアポロンは、当然悪い気はせず、彼女を誘惑した挙げ句、すぐに別の女性の元へ。クリュティエは絶望し、捨てられてから9日間泣き続け、いつまでも彼の姿を探し、空を見上げています。日が経つにつれ、彼女の足は細い棒のようになり、やがて根となり、髪は黄色へと変化していきました。

そう、彼女はひまわりとなったのです。ひまわりの花言葉「あなただけを見つめる」には、そんな由来があったのだと思うと、なんだか切なくもなりますね。それでも、太陽に向かって、ひとたび花を開けば、昆虫たちのパラダイス。我が家の養蜂場のあたりには、毎年多くのひまわり畑が現れ、蜂たちは忙しそうに飛び回っています。そのため、我が家の夏の蜂蜜はひまわりの味なのです。さて、この大量のひまわりは咲いた後も長い間、そのまま放置されています。枯れた花をいつまでも収穫しないことが、とても不思議だったのですが、適切な水分量（9パーセントから11パーセント）になるまで待っていることを知りました。フランスでは、なんと、ひまわりの最適な収穫日を予測する無料のツールまであるんですよ。本当に農業国なのだとあらためて感じながら、今年の夏のひまわり畑を楽しみに待っています。

Août

8月

赤ワインの村

【*Gigondas*（ジゴンダス）】

南仏プロヴァンス、ヴォクリューズ県にあるジゴンダス。インターネットで検索すると、最初にワインの名前ばかりが出てくるほど、村よりも赤ワインが有名な村です。アヴィニョンから車で約40分かかるこの村を初めて訪れたのは、私が以前に取材させていただいたドメーヌ(ワイナリー)のオーナーに、村の中心にある「Caveau du Gigondas（カヴォー・デュ・ジゴンダス）」まで案内していただいたのがきっかけです。

カヴォー・デュ・ジゴンダスは名前のとおり、まさにジゴンダスワインの貯蔵庫。なんと、アペラシオン（Appellation d'Origine Controlee／A.O.C.※原産地統制呼称の略）すべての生産者のジゴンダスワインをドメーヌと同じ価格で、試飲、購入することができるのです。ヴィンテージワインも豊富にそろっているため、いつも観光客でにぎわっています。もちろん、村の中はワイン一色。車で約30分のところにあるワイン産地、シャトー・ヌフ・デュ・パプほど有名ではありませんが、手ごろで美味しい赤ワインを楽しむならおすすめの村といえます。

紀元前1世紀にローマの退役軍人によって最初のブドウ畑が造られたジゴンダス。ワイン造りの伝統は2000年以上にわたり続いてきましたが、害虫フィロキセラの被害に遭ったことにより、一時期はオリーブの生産が盛んになります。ところが、1929年、1956年の大きな霜の被害によってオリーブ畑は荒廃。その後、再びかつてのブドウ畑が広がることになったという不思議な経緯があるのです。

村の中は同じヴォクリューズ県にある有名なゴルド村などと同じく、蜂蜜色の石造りの家が広がり、夏ともなれば多くのキョウチクトウが咲いています。紫陽花もほんのり赤みがかったピンクに色づき、村の中を華やかに彩ります。ダンテル・ド・モンミライユ山に見守られてたたずむこの村は、ローマ時代にはJucunditas（「喜びに身を委ねる」という意味のラテン語）という名で知られていました。村の中心部を離れ、石造りの階段を上っていくと、村の頂上付近には小さなワインミュージアムがあり、ジゴンダスワインを紹介しています。また、美しいファサード（建物の正面部分）を持つ聖カトリーヌ教会前の広場からの眺望も見逃せません。

ひととおり村の景色を堪能したら村の中心に戻り、ワインを飲みながらゆっくり時間を過ごしましょう。

「あっ！　ロゼがある！」。思わず写真をパチリ。なぜなら、ジゴンダスワインは99パーセントが赤ワイン。そのため、ロゼはとても珍しいのです。とはいえ、２０２３年からはとうとう「ジゴンダス」の名を冠する白ワインが登場！　これからますます、ジゴンダスのワインが人気を博していくことでしょう。

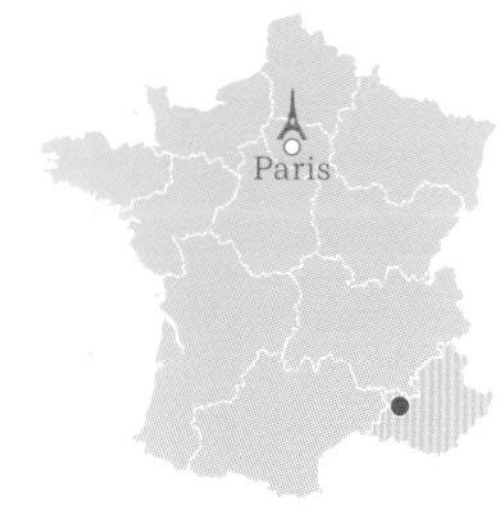

ParisからGigondasへの行き方

Paris-Lyon駅からTGVでOrange駅まで約3時間30分。そこからタクシーに乗り換え約22分(約20km)。乗換時間などを考慮して合計約4時間。

＊Paris-Lyon駅からTGVでAvignon駅まで約2時間45分。そこから地域圏急行TERに乗り換えCarpentras駅まで約45分。駅から歩いて6分のところにあるバス停Terre BlancheからJ_GIGONDAS線に乗り、Prince D'orange(Gigondas)まで約20分(バス停までの道が少し難しいので、タクシーのほうが楽だと思います)。

Septembre
9月

ニワトリと暮らす

フランスの田舎道をドライブしていると、突然、木々の間からニワトリが飛び出してくることがあります。「危ない！」と思いつつ、その光景はなんとものどかでユーモラス。私の住む村には1軒もお店がないことから、「卵が足りない」と思っても気軽に買いに行けないため、「いつか可愛いニワトリが飼いたいな」なんて眺めていました。日ごろからお菓子作りに使う「卵」は、我が家の暮らしに欠かせません。そこで夫に頼み込み、数年前から大切な家族の一員としてニワトリを迎えることになりました。

初めてニワトリを譲ってくださる農家を訪れた際、夫と相談し、4羽のヒヨコを選ぶことにしました。4羽ともメスが欲しかったのですが、どの子も小さすぎて私にはうまく判別がつかず、1羽オスが混じってしまったのは家族の笑い種。それでも、残り3羽のメスは徐々に成長し、トサカが赤くなり、卵を産み始めました。

初めて我が家の子たちが産んだ卵を手にしたときには大興奮！　割ってみると、市販のものとは全く違う黄金に輝く黄身が現れたのです。もちろん、味も濃厚！　卵焼きを作ってもオレンジがかった美しい色合いになります。そのうえ、ペットとしての可愛さも十分。小さなころから育てた子は、餌をあげるときに私の肩の上に飛び乗ったり、抱っこをさせてくれたりします。遠くで草をついばんでいても、私の姿を見かけると、大慌てで空を飛び「ビュン」と私の元までやってくるんですよ。

そのため、私も、「いつか、ヒヨコが生まれるといいな」と小さな夢を持つことに。しかしオス、メス生まれる確率は2分の1。万が一、オスが数羽生まれてしまうと、メスをめぐって一方が命を落とすまでけんかをすることもあるため、グループを分けるか、誰かにもらってもらうか、食するかの選択をしなければなりません。もちろん、農家さんたちの多くは食することを考えたうえで育てていますし、それが暮らしの一部であると理解しています。しかし、私たちはどうやって「命」と向き合うか、何度となく夫婦で話し合いました。「可愛い」だけでなく、自分たちなりの責任を果たすため、ヒナをかえさない決断をしたのです。このことは、自分たちが動物とどうやって向き合っていくかをあらためて考えるきっかけになりました。

現在は新しい子も迎え、オス1羽とメス7羽に。今まで使っていたニワトリ小屋だけでは手狭になり、夫と一緒に廃材を使って新しい小屋を作ることにしました。完成後に庭に設置すると、さっそく大人チームが小屋を探検し、その後から若いメスたちが入ってきました。どうやら、新しい家も気に入ってくれたようです。こんなふうに、すっかり家族の一員となったニワトリたち。我が家にすみ着くノラ猫たちとも仲良くなり、日々私の暮らしを彩ってくれます。

Septembre
9月

レースの町
【*Bayeux*（バイユー）】

フランス北西部、ノルマンディー地方にある友人宅に遊びに行っている間に一度、Dentelle de Bayeux（バイユーレース）が見たいなと思い、立ち寄ってみたバイユー。到着すると、まずは村で一番人気の観光スポットであるタペストリー美術館へ行くことにしました。ここは長蛇の列になっていることが多く、諦めて引き返す人たちを見かけますが、窓口が入り口そばにあり、全員にオーディオ・ガイドを配るため、人が滞留しやすいのが原因のようです。

展示されているのは、戦争によって数奇な運命をたどったタペストリーのみ。タペストリーといっても、通常の織り込んでいくタイプではなく、亜麻で作られた薄い生地（リネン）に、羊毛の糸でノルマン・コンクエストの物語を描いた63・6×0・5メートルの刺繡画になっています。ノルマン・コンクエストとは、１０６６年に行われたノルマンディー公ギヨーム２世（のちのウィリアム征服王）によるイングランド征服の話で、詳しい日本語オーディオ・ガイド付きで解説してくれます（館内は撮影禁止です）。しかし、バイユーにある美術館の中で、私の一押しは、なんといってもバイユー大聖堂に隣接する「ジェラール男爵美術館（MAHB）」。こちらでは先史時代から20世紀までの人類の歴史から、バイユーレース、バイユー窯の歴史を見ることができ、非常に興味深い展示方法となっています。

小さなバイユーの街中を流れるオール川も美しく、釣りをしている男性も。川沿いには可愛いコクリコ（ひなげし）の花だらけの雑貨屋さんがあり、そのすぐそばにはバイユー刺繍のお店もあるので、手芸好きの方ならちょっとのぞいてみたくなることでしょう。

さて、今回目的にしていたバイユーレースとは、多種多様なスタイルを経て18世紀後半に形になり、19世紀に独自のスタイルとなった主に黒のシルク製で有名なボビンレース。花の装飾を得意とし、ブドウや古典的な葉柄、貝殻などさまざまなモチーフが使われます。「カーン・ブロンド」と呼ばれる漂白されていないシルクやコットン、リネンの糸が使われた作品もあり、レース好きな方に愛され続けています。そんなバイユーレースを楽しみたく、Conservatoire de la Dentelle de Bayeux（バイユー・レース協会）に立ち寄ることにしました。バイユーは、アランソン、アルジャンタン、カーンなどの有名なレースの産地と同じ地域にあり、伝統的なレースを今でも守り続けています。ちなみに、レースの名前は産地を指して言うものではなく、テクニックによる分類だそう。そのため、バイユーレースにはよく「Chantilly（シャンティー）」と書かれています。バイユー・レース協会には、ボビンレースと刺繍の職人さんが常時滞在しているので、質問すると快く実演してくれ、おまけにスタージュ（研修）も行ってくれます。

最後に立ち寄った、村外れにあるノルマンディー上陸作戦記念館のそばにある軍人たちの墓は、整然と並び美しく、コクリコの花輪が揺れていました。

Restaurant
l'Assiette Normande

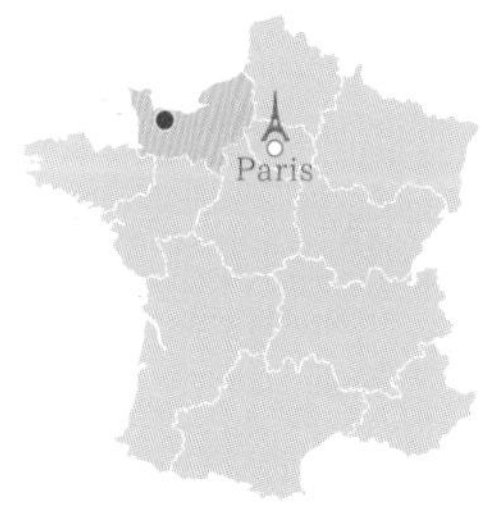

ParisからBayeuxへの行き方

Saint-Lazare駅からNomad TrainでBayeux駅まで約2時間40分。

Septembre
9月

ブルターニュを感じられる田舎町
【*Vannes*（ヴァンヌ）】

ブルターニュ地方モルビアン県にある古都ヴァンヌ。モルビアン湾に面した2000年以上の歴史を誇る小さな田舎町です。私の大好きなケルト神話や自然崇拝のドルイド教、巨石文化など、ミステリアスなケルト文化の影響を色濃く持つブルターニュを旅する際、非常に便利な場所にあったためこの町を訪れてみたのですが、予想外の大きさと美しさに驚いた場所でもあります。ヴァンヌが本格的に発展したのは、14世紀にブルターニュ公ジャン4世が、フランス王国との国境に近いレンヌとナントに比べて内陸に位置するこの町を気に入り、ブルターニュ公国の主要な都市とし、居を構えたのが始まりです。

14世紀後半、彼が築いたネオ・クラシカル様式のエルミーヌ城前には、マルル川に沿って広がるフランス式庭園があります。もともと、左右対称なフランス式庭園があまり好みではなかったのですが、この庭の配色の可愛らしさに、自分の考えを改めるきっかけをもらったほど。しかも、私がヴァンヌを訪れたのは9月中旬のこと。この時期にもなると、フランスのガーデニングショップでは一気に花が減り始め、いつも寂しい気持ちになるのですが、思いがけないピンクの濃淡で彩られた庭に、なんともロマンティックな気分になりました。

美しい庭園に見惚れながら道をつらつらと歩いていくと、サン・ヴァンサン門から小さな港に面したガンベッタ広場に到着。ここには多くの観光客が集い、思い思いに過ごしています。

目の前には真っ青なマリーナが現れ、港には大小さまざまなヨットが停泊し、かつてこの町が栄えたことを物語っています。この港からモルビアン湾岸や島々をめぐるクルーズを楽しむことができるので、時間がある方はぜひ楽しんでみてください。

港の横を走るラトル・ド・タシニー通りには、カラフルなコロンバージュ（木骨造）の家が立ち並びます。15世紀ごろには900軒ほどもあったといわれていますが、現在も170軒ほどの民家が残っています。可愛いコロンバージュに囲まれたアンリ4世広場では、若者たちが音楽を楽しんでいる様子も垣間見られます。歴史ある建物たちが残るのは、主にサン・ピエール大聖堂周辺。ゴシック、ルネサンス、バロック、ネオ・ゴシック様式など、大聖堂は時代によって修復されてきた歴史があり、15世紀、ヨーロッパ各地で布教活動を行ったドミニコ会修道士、聖ヴァンサン・フェリエが祀られています。彼の功績を称え、大聖堂の内部には1615年にジャック・マルタン司教によって寄贈された、聖人の生涯を描いた美しいオービュッソン（242ページ参照）のタピスリーが飾られています。

あまりに気に入ったので、1泊することにし、翌日の早朝からマリーナを散歩することにしました。あいにくの曇り空ではありましたが、紅葉が始まった美しい木々からの木漏れ日は、興味の尽きないケルト文化の香りとともに、私の心に深く刻み込まれました。

TABAC

ParisからVannesへの行き方

Montparnasse駅からTGVで約2時間30分。

Septembre

9月

トマト仕事

夏の終わりになると、我が家では一大仕事が待っています。大量に収穫したトマトを消費する「トマト仕事」です。2月の終わりごろから、暖炉の前で小さな苗ポットに種をまき、毎日芽が出るのを楽しみに水やりしています。少しずつ、少しずつ育っていく苗を見ながら、今年も美味しいトマトが採れますようにと祈るのは私の習慣になっています。フランスの田舎では、多くの方が畑にトマトを植えているため、どうやらお互いの畑が気になって仕方ない様子。普段なら、あいさつ代わりに天気の話を始めるところですが、8月から9月にかけてのあいさつは「今年のトマトはどう?」というのがお決まりです。トマトの栄養素として有名なリコピンは、油に溶けやすい性質があります。そのため、オリーブオイルやニンニクと合わせて食べる夏のサラダは非常に合理的な食べ方です。また、熱に強いリコピンは、加熱することによって、さらに吸収率が高まるといわれているので、我が家ではバーベキューのときに一緒に焼いたり、夫の得意料理の一つ、トマト・ファルシ(トマトの肉詰め)を作ってもらったりしています。

しかし、トマトの収穫時期は一度に訪れるため、生で食べるだけでは限界が。そこで、基本的にトマトピューレにして保存します。今までは、トマトを煮た後に濾す作業が大変でしたが、最近、秘密兵器のトマト・プレス機を購入したので、一気に作業がはかどるようになりました。これで、1回につき200個くらいのトマトを処理していきます。実はトマトピューレを作るより、大変なのは瓶の煮沸消毒。大きめの鍋に入れ、次々に煮沸していくのですが、すごい数の瓶が並ぶと壮観です。本当に美味しい完熟したトマトの場合、何も味つけしなくても美味しいのですが、我が家ではケチャップとピッツァソースを作るため、トマトピューレの半分はさまざまなハーブを入れて煮詰めていきます。このケチャップは市販のものより味が柔らかく、煮込み料理に最適。そのため、市販のケチャップの消費量が極端に減ることになりました。大量に作ったトマトピューレは、1年かけて消費していくのですが、倉庫の中が空っぽになると気分的にすっきり！　今年も頑張ろうという気になります。

私はフランスに住んでから、さまざまな国の友人たちと集まる機会があるのですが、料理上手なロシアの友人から教えてもらった、トマトを調理する際の小さなテクニックをこっそり書いておきましょう。スーパーで購入したトマトを食べると、「なんだかトマトの味がしない」と思うことはありませんか？　ロシアでは旬を過ぎたトマトを食べるとき、砂糖を少しかけ、味を補うことがあるのだそう。彼女はよくトマトを少し食べてみて、「あー！　今日のトマトはずれ！」と言って、少し砂糖をかけてから調理していましたが、確かにそうやって食べると一気にフルーティーに味が変化します。本当に少量でいいので、オリーブオイル、塩、こしょうをかける前に一度試してみてくださいね。さぁ、今年はどんなトマト料理を作りましょう？

Octobre
10月

フランスの農業は月暦とともに

少しずつ、頬に心地よい風を感じる10月。ふと見上げた夜空に輝く月は、太古の昔から多くの歌人たちの心を捉え、幾多の美しい言葉を残しています。そんなロマンティックな側面を持つと同時に、フランスの農家や田舎では、月が紡ぎ出す暦（太陰暦）を用いていることを皆さんはご存じですか？　フランスに住み始めたころ、本屋へ行くたび、大きく月が描かれたカレンダーを目にし、「どうしてこんなに多くの月暦（つきごよみ）が売られているのだろう？」と不思議に思ったものです。

ある日のこと、夫が「今日は薪を切るのにいい日だから、木を切ってくる」と言いました。聞けばどうやら村の人が集まって一斉に木を切るのだとか。不思議に思い「木を切るのがいい日なんてあるの？」と尋ねると、「暦を見たらわかるだろ」と言われびっくり。それからというもの、「今日は種をまくのにいい日」「今日は薬物を植えるのにいい日」と月暦を見ながら決めている夫の姿に、月暦はフランス人の暮らしに根づいているものだと知りました。

日本でも月暦を活用している農家さんはいらっしゃるのでしょうが、そのころの私は全く無知で、月暦を農業に使っているとは想像もしていなかったのです。もちろん、月暦に対してはさまざまな意見があり、「月が植物の成長に重要な影響を与える」という説と「影響を与えない」という説があります。しかし、暦を使ったからといってデメリットがあるわけではないので、昔から続いている風習なのだと妙に感心してしまいました。

私が教えてもらった基本的なルールは、新月から満月の間（上弦の月）は「水が上がる時期」で、土を耕して植えつけするのに適し、植物の成長、接ぎ木の発育によいとされます。その逆（下弦の月）は「水が下がる時期」で、収穫や剪定に適しており、根や球根の発育がよいとされます。要は、薪を切るには水が下に下がっていくほうが水分が少ない薪となり、腐りにくく乾燥しやすいのでしょう。

また、虫は満月になると産卵活動が盛んになるため、その3日から4日後、卵が孵化するのを待ってから薬剤をまくのがいいといわれています。卵の殻を被った状態より、孵化したばかりの幼虫のほうが効くというのはなんとなく想像がつきますよね。驚いたことに、月暦は美容にも影響を与えています。「歯の治療に適した日」「髪をカラーリングするのに適した日」など多種多様。知らないより知っているほうが面白いと思いませんか?

フランスでは本屋やガーデニングショップで当たり前のように「月のカレンダー」が売られていますので、旅行の際ぜひ探してみてくださいね。

Octobre

*10*月

Bourru（ブリュ）と焼き栗

10月初め、秋の味覚である栗がコロン、コロンと大地に転がるころ、あたりでは「そろそろ焼き栗をしようか」という声が聞こえてきます。もちろん、栗を買ってくるなんてことは聞いたこともなく、自分の山に入ったり、家の周囲を見渡せばその辺に転がっている「栗天国」状態に……。日本に住んでいたころ、栗好きな私はスーパーで栗が売られているのを見かけると、「今日は栗ご飯にしよう！」とワクワクしていたものですが、夫も娘たちも、「栗を食べよう！」と声をかけても、全く喜んではくれません。ましてや、南西部、ドルドーニュ県の栗の産地を訪れた際には、道端の栗を拾わないどころか、誰も興味を示さず車で踏みつぶしていく始末。こんなに美味しいものを拾わないなんてと憤慨したものですが、最近では拾い過ぎて逆に腐らせてしまうため、今では野生動物のために自分たちの食べる分だけしか拾わなくなりました。

フランスで焼き栗をする際の主役は暖炉。我が家でも、火を入れ始めたばかりの暖炉の横で、栗の腹にナイフで切れ込みを入れ、栗専用の穴開きフライパンを使って、ゴロゴロと転がしながら焼いていきます。外で焼き栗を食べるときは、男性陣が火をおこし、その横で女性陣がおしゃべりをしながら栗の処理。「焼けたよー！」の声を聞くと、ワインの産地に住む女性が、1本のワインらしきボトルを取り出しました。「Bourru（ブリュ）」と書かれた少し白濁した白い液体は、なんとワインになる前の発泡した甘いブドウジュース。果物のブドウとは違い、ワインになるためのブドウなのでとにかく甘い！　しかも自然の甘さなので口当たりが非常にいいのです。ところが、フランスのブリュは、アルコール度数が1度か2度あるため、お酒に弱い私はすぐに酔ってしまいます。「こんなものジュースだろ？」と言われるのですが、アルコールが弱い方はくれぐれも気をつけて飲んでくださいね。基本的にカーヴ（ワイナリー）で購入するのですが、生産地に行くとスーパーでも瓶詰めされて売っています。しかし、買うときにはくれぐれもご注意を！　なぜなら、どの瓶の蓋にも小さな穴が開けられているため、横に倒すと中から液体が漏れてくるからです。そのため、必ず瓶を立てて保管する必要があり、楽しめる期間は約1カ月のみ。瓶詰めされた後もブリュは発酵し続けるため、甘みがどんどん消え、やがてワインになっていくのです。我が家の地域（オーヴェルニュ地方）は、ワインがあまり造られていないため、このブリュを楽しむ習慣がありませんでしたが、ワイン生産地では焼き栗と一緒に楽しむのが伝統的行事となっています。基本的にブリュは白ワインになるブドウジュースのことを指しますが、もちろんロゼや赤も存在します。

また、栗の皮は染色にも使えます。そのため、栗の皮をせっせと集め、布に色を入れていくのは、秋の楽しみの一つです。皆さんも、秋にフランスを旅するときは、ぜひ街角で期間限定のブリュを探して飲んでみてくださいね。その際には、焼き栗も忘れずに！

Octobre
10月

サフランの農家のシンプルな暮らし

南西部のヌーヴェル・アキテーヌ地方ドルドーニュ県を旅していたある日のこと、たまたま通りかかった村で行われていたマルシェを訪れてみました。すると、見覚えのある顔が……。「あらっ？！」。思わず声をかけてしまったムッシュは、友人の住む村でサフラン農家を営んでいる方です。

私がサフランに興味を持ったのは、オーヴェルニュ地方のアリエ県にあるシャロルーという小さな村で、敷地の中に川が流れるように紫色の花がまかれているのを見たのがきっかけです。なんてきれいなのだろうと近づくと、そこはサフラン屋さん。それ以来、一度サフランを収穫しているところを見てみたいと考えていました。マルシェで偶然に出会ったのも何かの縁です。そんな想いを胸に、ムッシュに見学したい旨を伝えると、「10月中旬から11月頭くらいに見においで」と快諾。そこで10月中旬、連絡を入れてから、彼らのところに向かったのですが、なんとサフランの花が咲いていません！

「まだ花が咲いてないのですか？！」。疑問符だらけの私の顔を見ると、出迎えてくれたマダムが笑顔で「こっちに来てみて」と畑まで連れていってくれました。10度前後の肌寒い静かな秋の朝。まだ明けきらない薄霞の中、目を凝らして足元を眺めると、まるでキャンドルのように立つ紫の姿が現れてきたではありませんか！　以前に見た他国で行われているサフランの収穫風景写真では、満開に咲く一面のサフラン畑だったのですが、マダム曰く、「サフランの花は、蕾（つぼみ）が開く前になるべく摘んでしまうの。そのほうが苦みが出ないのよ」。そう言いながら手元を忙しく動かしています。聞けば最盛期には、1日20時間も収穫作業をしているのだとか。

まずは1時間ぐらい花を摘んだら、その後の2時間は摘み終わった花の蕊（しべ）取り。蕊をすべて抜き取り終わるころ、畑では次のサフランの花が膨らんできています。行ったり来たりと2週間から3週間、ずっとこの作業の繰り返しになるわけです。開花に合わせて夜中11時から花摘みを始める日もあり、その日の朝も、彼らの頭上には工事現場で使えそうなライトがついていました。マダムと話をしていると、かごを持ったムッシュの後から、猫や犬が一緒にやってきました。彼らはよく農園のことを知っていて、所定の位置でパトロール。「モグラはいいのだけど、カンパニョル（ネズミの一種）が球根を食べてしまうからね。この子たちが一生懸命働いてくれるのよ」とマダムが猫を抱き上げました。

サフランの球根は5年ごとに植え替えられます。一見、畑は平坦に見えますが、坂に沿って少しずつ植え方を変えています。水が溜まりやすい場所には畝（うね）を作り、サフランの球根が水に漬かるのを避けているそうです。「今年の夏は暑く、雨が降らなかったから大変でしたか？」と尋ねると、「実は、サフランにとっては最高の季節だったのよ」と教えてくれました。どう

やら、夏は暑く乾燥しているほうが、秋に咲くサフランには適しているようです。

蕊を収穫した後は、残った花粉を蜂たちにお裾分け。そのために花を大地にばらまいていました。私が憧れた紫の川は、こうやって自然のサイクルからできた美しい景色だと知った秋の日でした。

Octobre

*10*月

歴史の舞台となった古城

【*Chinon*（シノン）】

フランス中央部のサントル・ヴァル・ド・ロワール地方、アンドル・エ・ロワール県にあるシノンの町。「フランスの庭」と呼ばれるロワール渓谷は、「シュリー＝シュル＝ロワールとシャロンヌ間のロワール渓谷」として世界遺産に登録され、ロワール川やその支流に沿って、シュノンソー城、シャンボール城をはじめとする20を超えた美しく優雅な城が点在しています。もちろん、シノン城もその一つ。

しかし、私がシノンの町を訪れたかったのは、全く別の目的がありました。かつて、この町にあったアトリエ「Regards」。日本でも有名な白い器の「アスティエ・ド・ヴィラット」から独立してできた、より繊細なデザインをメインにしたブランドでしたが、残念ながら今はもうありません。偶然にも、このブランドのコレクションを飾ってあるシャンブル・ドットがあると知り、行ってみたくなったというわけです。シノンの町の少し細い路地を歩き始めると、目の前に現れた年月を感じさせる大きな扉。ここがシャンブル・ドット「Au Relais Saint Maurice」なんだと、そっと重い扉を開きます。すると、Regards のコレクションがよく似合うシンプルな空間が広がり、宿のオーナーが笑顔でさまざまな話を語ってくださいました。

さて、いよいよ町の中に入り、オート・サン＝モーリス通りを歩いてみましょう。今も残る石畳の道沿いには、コロンバージュ（木骨造）の家と石造りの建物が調和をとりながら並び、雰囲気のある一角となっています。いまだ、当時の道幅を保っているといわれている細い路地には、いくつかのレストランや店があり思わず中に入りたくなります。途中からジャンヌ・ダルク通りに入り坂道を上っていくと、九十九折り（つづら）の階段が現れシノン城へと誘われます。

ヴィエンヌ川を見下ろし、小高い丘からこの町を今も見守るシノン城。川と反対側に目を向けると、有名な赤ワインの産地であることから、雄大なブドウ畑が広がります。この城は、かつて、フランスとイングランドの百年戦争末期、神のお告げを聞いたジャンヌ・ダルクが１４２９年に当時のフランス王太子、のちのシャルル７世と謁見した舞台となります。この謁見は、さまざまな逸話が残されていることで有名です。王宮ではジャンヌ・ダルクを試すべく、王太子（シャルル７世）の衣装を着た家臣を王座に座らせ、彼自身は人混みにそっと隠れました。しかし、ジャンヌ・ダルクは一度も会ったことがない王太子をひと目で見抜き、彼から神の使いだと認められたわけです。その後、彼女はオルレアンに向かい、フランスを勝利へと導いたのは有名な話ですね。そういった背景からでしょう。フランスの各地でジャンヌ・ダルクの足跡を見ることができますが、ここシノン城にもジャンヌ・ダルク博物館があります。城の入り口にあたるTour de l'horloge（時計の塔）は、川岸からも美しく見ることができます。

それにしても、旅というのは人それぞれに目的が違うのだとあらためて感じます。

ParisからChinonへの行き方

Montparnasse駅からTGVでTours駅まで約1時間20分。地域圏急行TERに乗り換えChinonまで約50分。乗換時間などを考慮して合計約2時間50分。

Novembre

*11*月

かご好きの私が見た美しい世界

「何これ！　あたり一面がオレンジ！」。秋も深まる11月中旬、突如現れたオレンジとも赤ともいえない不思議な色合いに魅せられ、思わず車を停めました。折しも、自分の雑貨卸で販売しようと手作りのかごをオーダーしに来た私。「まさか、これがオジエ？」。初めて見るあまりにも美しい光景に、しばし言葉を失いました。オジエとは、フランスでかごを作る際の材料となる柳の一種。さまざまな品種があり、職人さんによって使い分けられています。今回訪れた南西部のペリゴール地方に植えられているオジエは、オレンジっぽい黄色(Salix alba)がメイン。理由を聞いてみると、同じ南西部のボルドーからベルジュラック一帯のブドウ畑では、昔このオジエを使ってブドウを結束していたようです。そのため、伝統的なブドウ栽培を行っている農家では、今でもオジエは欠かせないものなのです。

後日、このオジエの収穫風景を見たいと、いつもお世話になっているオジエ農家のカレンにお願いし、彼女の畑に出かけました。規模の大きいオジエ農家では11月末ごろから収穫が始まり、逆に小さい農家ではオジエの状態を見つつ、年が明けてから収穫を行います。しかし、あまりに遅い収穫になると次の芽が出始め、その年の収穫に影響を及ぼすのでタイミングが大切だと聞きました。

カレンたちは研究のためにさまざまなオジエを育てていて、珍しいものは全て手作業で収穫します。たくさん植えているものはトラクターを使って収穫するのですが、これがなかなか大変な作業で、オジエをカットする位置をどの高さにするか慎重に決めていきます。トラクターが畑の中を進み、ある程度の量がカットされると、カレンがひとまとめにして持ち上げ、荷台の上で結束します。トラクターを運転するご主人と声をかけ合いながらの収穫は、あらためて夫婦の絆を感じさせてくれました。刈り取ったオジエは20センチメートルずつサイズ違いに分けられ、夏ごろまで乾燥させてから使います。私はこのペリゴール地方で伝統的に作られる、渦を巻いたような形のかごが大好きで、いくつも集めています。このかごはラテン語で「洗う」という意味を持つ「Le Bouyricou」と呼ばれていて、ジャガイモを洗うために作られたものです。畑で採れたばかりの泥のついたジャガイモをかごに入れてそのまま川の中に沈め、左右にくるくる回転させると、ちょうど渦に沿って水が流れて効率よく泥を落とせるのだとか。

あまりにもかごが好きなため、昨年からかご編みを習い始めた私。自分で編むことでさまざまな技法を理解できますし、修復も可能です。今まで多くの職人さんと出会いましたが、素材となるオジエからこだわって育てる人もいれば、かご作りに専念するためにあえてオジエ農家と契約している人も。それぞれの考え方に共感するとともに、その技術の素晴らしさに感心するばかり。人と人との出会いは、ますます私のフランス暮らしを豊かにしてくれています。

Novembre

*11*月

時代に翻弄されたサルグミンヌ窯

【*Sarreguemines*（サルグミンヌ）】

アンティークの器好きな方なら、一度は名前を聞いたことがあると思われるサルグミンヌ。人気の窯元のイメージがありますが、実はフランスの町の名前でもあるのです。サルグミンヌは、北東部のグラン・テスト地方、モゼル県のドイツ国境にある小さな町。古くは、大きな農場があるだけの田舎にすぎなかったのですが、浅瀬があり比較的道路を整備することが楽だったことから東西南北を結ぶ中継地点として重宝され、10世紀から12世紀にかけて、サール（ザール）川とブリー川の合流地点を監視するために建てられた城の周りで発展していきました。

幾たびも起こるドイツとの戦争によって、フランスとドイツの間を行き来する複雑な歴史を持つモゼル県。１７９０年に開窯されたサルグミンヌ窯は、町の歴史同様に複雑な運命をたどります。経営がうまくいかないことから、19世紀に入りドイツ人のポール・ウッツシュナイダーによって引き継がれることになりましたが、彼は各地の国際博覧会にてサルグミンヌを紹介していきます。それが功を奏し、貴族たちに重宝され、ナポレオン１世も顧客の一人となりました。そのため、初期のサルグミンヌは非常に優雅で洗練されたデザインとなっています。

ところが、１８７０年に起こった普仏戦争によりフランスが敗北。これによって、会社がドイツとフランスに分割され、フランスにも２つの工場が建設されました。中でも有名なのはブルゴーニュ地方のDigoin（ディゴワン）工場。「Digion et Sarreguemines」のマークが入った器は私も大好きです。しかし、第二次世界大戦が起こると再び経営不振になり、残念ながら200年以上続いたフランスを代表する古窯は、2007年にその歴史に終止符を打ちました。

ジェネロー・クレメール通りにあるレストランのファサード（建物の正面部分）の高い位置には、鮮やかな花柄で彩られたサルグミンヌのタイルで彩られ、かつての栄光を物語っています。また、サール川沿いにある美しいタイルで飾られたカジノは、賭けをする場所ではなく、もともと陶器工場で働く従業員のための集会所として建設されたもので、今ではレストランとして活用されています。

さて、この町には2つの博物館があります。1つは町の中心にあるMusée de la Faïence（陶磁器博物館）。2階にある陶器のタイルで飾られたJardin d'Hiver（冬の庭）は圧巻のひとこと。また、町外れにあるMusée des techniques faïencières（陶芸博物館）は、サルグミンヌファンにとって憧れの博物館でしょう。サルグミンヌファンの方ならご存じの器がたくさん並び、そのテクニックを惜しみなく披露しています。併設されているJardin des Faïenciers（陶芸の庭）は、過去の遺産と地域の資源に着想を得たテーマの庭によって構成されています。

時代に翻弄された陶器の町サルグミンヌ。かつて住民たちが見上げ、心の支えとなっていた煙突が今も優しく町を見守っているのです。

Décor au tampon, à l'éponge
et à la roulette - marquage des
Stempel- und Schwämmeldruck

ParisからSarregueminesへの行き方

Paris Est駅からTGVでMetz-Ville駅まで約1時間25分。地域圏急行TERに乗り換えSarreguemines駅まで約1時間。乗換時間などを考慮して合計約2時間35分。

Novembre
11月

リンゴのお菓子

「そろそろ、採れた？」「うん、うちはもう少しかな？」

秋も深まると、友人たちからリンゴ便りが届きます。フランスの田舎に住んでいると、多くの家の庭に1本くらいはリンゴの木が植えてあるようで、「今年はイマイチ実の付きがよくない」とか、「今年はすごいよー」と自分の家のリンゴ自慢をするのはもはや定番です。もちろん、どの家もオーガニック。そのため、傷んでいたり、虫が入っているのなんて当たり前で、食べられない部分は、動物たちの餌にしたり、コンポストに入れたりします。うちのニワトリたちは果物が大好きなので大喜び。こうやってみんなで分け合って食べるのも楽しいひとときです。

収穫の少ない年は寂しい思いをしますが、その逆もまた然り。収穫がありすぎても大変な思いをします。自宅だけでは食べられそうにないとなると、ご近所同士で配り合いが始まったり、村の人たちで作るＳＮＳのグループに「うちのリンゴ、勝手に採りに来てください」とメッセージが入ったりします。フランスでは、電車に乗ったり、公園に出かけたりすると、学生たちがよくランチのお供にリンゴをかじっているのを見かけるほど。どれもみんな小ぶりで、日本のように立派なリンゴではありませんが、普段食べるにはこれくらいで十分美味しいのです。

さて、採れすぎたリンゴはさまざまなお菓子に大変身。我が家はなんといっても簡単なリンゴのタルトをよく作ります。しかし、娘たちの大好物といえばタルトタタン！　これだけは冬になると外せないらしく、「そろそろタルトタタンが食べたい！」と必ず家にやってきます。夫はリンゴのケーキが得意なので、家にお菓子がないとすぐ作り始めるほど。リンゴがあるだけで、家のお菓子率がアップします。

パイ生地から作るのは面倒ですが、もしもパイシートを持っていたら、とっても簡単にできるリンゴのタルトをご紹介しましょう。「作り方」と書くほどでもないのですが、パイシートを型に広げ、その上にリンゴを薄く切って並べるだけ。上から、無塩バターをサイコロ状に切って、カソナード（サトウキビ100パーセントのフランス生まれの茶色い砂糖）と一緒にパラパラ振りかけて焼くだけ。バターが少なすぎると乾燥してしまうので、全体に行き渡るくらいの量を使うのがコツです。もちろん、砂糖を使いたくない方は、コンフィチュール（ジャム）や蜂蜜を載せても大丈夫。リンゴが甘ければ、砂糖を使わなくてもいいでしょう。後は200℃で20分ほど焼けば出来上がり。この簡単リンゴタルトは、急な来客があっても、話しながらすぐに作れますし、みんな大喜びしてくれます。料理もお菓子も、ささっと作ってしまうのが私流。忙しいときには、ランチの後片づけをしながら、10分くらいで準備してすぐにオーブンの中へ。20分ほどSNSのコメントにお返事を書いていると、さぁ出来上がり！

こうやって、リンゴを次々に消費していくのはある意味ゲームのようで楽しい時間です。

Gâteau aux pommes

夫の定番 リンゴのケーキ

【材料】※直径 24cmのタルト型

・リンゴ　4 個（3 ～ 5 個）

・レモン汁　少々

・卵　3 個

・カソナード（きび糖）コップ 1（100g くらい）

・薄力粉　コップ 1（100g くらい）

・ベーキングパウダー　大さじ 1/2

・塩　ひとつまみ

1 オーブンを 180℃に予熱します。

2 リンゴの皮をむき、さいの目切り（角切り）にします。その後、酸化を防ぐためにレモン汁をかけ混ぜ合わせます。

3 ボウルに卵 3 個を入れ、軽く溶きほぐし、そこにカソナード（きび糖）を入れて泡立てます。

4 薄力粉とベーキングパウダーを一緒にふるい、ボウルの中に入れます。さらに塩をひとつまみ加えよく混ぜ合わせます。

5 ボウルの中に *2* のリンゴを入れ、軽く混ぜ合わせます。

6 *5* をタルト型の中に流し込み、上から一度落として空気を抜きます。

7 *6* を予熱したオーブンの中に入れ、180℃で 35 分から 40 分ほど焼いたら出来上がり！

Novembre

*11*月

聖者の谷の妖精の煙突

【*Boudes*（ブド）】

霜が降りた冬の朝、「朝焼けがきれいだし、山にでも行こうか」と夫に誘われました。

11月の終わりともなると、凍った大地が朝焼けに照らされ、美しく輝く日が数日あります。もちろん、夕日も美しいのですが、霜が降りたままの写真を撮ろうと思うと、やはり早朝が一番。眠い目をこすりながら登山靴に履き替え、目指すはVallée des saints（聖者の谷）です。私の住むオーヴェルニュ地方は、フランスの中南部にあり、Massif central（中央山塊）の中心部に位置します。中央山塊の中心には、オーヴェルニュ火山帯地方自然公園があり、シェーヌ・デ・ピュイ火山群と呼ばれる８０００年以上眠り続ける80もの休火山が集まり、リマーニュ断層とともにユネスコの世界遺産に登録されています。その中のサンシー山塊とダリエの谷の間には、モンペルー村からサン・ジャルマン・ランブロン村にわたり、Route du Dauphiné d'Auvergne（オーヴェルニュのドフィーネの道）という47キロメートルに及ぶハイキングコースがあります。オーヴェルニュの火山地帯（中央山塊）、ブドウの木で覆われた丘陵地帯、ロマネスク様式の礼拝堂、切り立った崖や谷からできた起伏に富んだ景色は、自然を愛するフランス人たちには大人気。夏の間、このルートを散歩していると、小さなリュックを背負って歩く人たちによく出会います。中でも、赤ワインで有名なブド村のあたりは、赤土が侵食によって削られ、「聖者の谷」と呼ばれる不思議な景色を生み出しています。グール・ダパの滝、ローマ時代の硬貨の宝庫を物語る小道があるバルドの泉……。

ザクザク、ザクザク。霜を踏みしめながら、さまざまな伝説に彩られるこの山道を歩いていくと、小さな目印の看板が目に入りました。Cheminées de fées（妖精の煙突）です。Cheminées de fées は、土柱（どちゅう）とも訳され、土柱礫層（れきそう）が風雨により浸食され、柱状になったものです。しかし、妖精の煙突と訳したほうがロマンがありますよね。凍って滑りやすい吊り橋の上をそっと歩き、尾根のような道を歩いていくと、突然目の前が開け、真っ赤な景色が現れました。「妖精の煙突」といわれるのですから、どんな可愛らしい景色だろうと楽しみにしていましたが、目の前には想像以上に大きな煙突が……。全く想像していたのとは違う景色でしたが、これはこれで神秘的。なにしろ、この煙突の周りには一切の草木が生えず、乾いた大地のみが広がっているからです。

帰り道、偶然にもブド村の近くの森の陰でバルドの泉を見つけました。バルドの泉とは、1822年にこの土地の所有者がブドウ畑の区画を掘った際に見つけたもので、泉の底からローマ帝国の第11代皇帝であるドミティアヌスの肖像を描いたローマの硬貨が発見されたことで知られています。この土地には今でも多くのブドウが植えられ、なぜこの場所に硬貨が隠されていたのかと古（いにしえ）の時代にロマンを感じます。

ParisからBoudesへの行き方

Paris-Bercy駅から特急列車IntercitésでClermont-Ferrand駅まで約3時間35分。地域圏急行TERに乗り換えIssoire駅まで約40分。そこからタクシーで約15分(17km)。乗換時間などを考慮して合計約4時間50分。

Décembre

12月

サンタクロースの起源といわれる サン・ニコラのお話

12月6日は、フランスの子どもたちに大人気のSaint-Nicolas（サン・ニコラ）が聖人となった日。北東部のアルザス・ロレーヌ地方をはじめとするフランスの一部の地域、ベルギー、オランダ、ドイツなど多くの場所で、彼を祝ってさまざまな祭りが開かれます。子どもたちが楽しみにしているのは、パレードの最後に登場するサン・ニコラからのお菓子のプレゼント。子どもたちが小さな手を必死に上げて「サン・ニコラ〜！」と叫んでいる姿を見ると、なんだか微笑ましくなります。日本の子どもたちにはサンタクロースのほうが圧倒的になじみ深いと思いますが、フランスの東部や北部では、いまだ多くの人たちから愛されている聖人なのです。サン・ニコラはサンタクロースのモデルだといわれていますが、現在のトルコにあたるローマ帝国の小さな街Myre（ミラ）の司教でした。その風貌は、赤い服を着た大きなおなかの優しいおじさんというイメージとは真逆で、屈強な男だったとされています。彼が起こした奇跡

はそれぞれの地域で語り継がれていて、ロレーヌ地方では「肉屋の伝説」が広く伝わっています。せっかくですので、少しだけこの伝説に触れてみましょう。

——ある秋の朝、3人の子どもたちが大人に頼まれ、畑に収穫に出かけました。しかし、家に帰る途中で道に迷ってしまったのです。心細くなった子どもたちは道の先にある家の明かりを見つけ、ドアをノックしました。家の主は、子どもたちを見ると自分が肉屋であることを告げ、夕食をふるまうと部屋の中に誘い込みます。しかし、部屋に入ると肉屋は子どもたちをすぐさま殺し、細かく切り刻んで塩樽に漬けてしまったのです。それから7年後、ロバに乗ったサン・ニコラが肉屋の家のドアをノックします。肉屋が豚肉を勧めると、サン・ニコラは問いかけました。「それよりも、塩漬けされた肉はどこかね?」。追い詰められた肉屋は、自分の罪を告白します。その後、サン・ニコラは塩樽に3本の指を置き、子どもたちを蘇らせました。

この話が世の中に伝わり、子どもたちのヒーローとなったサン・ニコラは、子どもたちの守護聖人になりました。そのため12月5日の夜から6日にかけて、子どもたちはサン・ニコラのロバに餌を与えるため、靴下に干し草とオーツ麦のパンをいっぱいに詰め込み、煙突にぶら下げたのだとか。サンタクロースは伝説の人物ですが、サン・ニコラは人々の暮らしにしっかりと根づいた聖人であることを今さらながら肌で感じました。

83 CITY
Place d'Armes

Décembre

*12*月

アール・ヌーヴォーの聖地

【*Nancy*（ナンシー）】

子どものころ、洋書で見て密かに憧れていたエミール・ガレのランプ。本の影響から、大きな邸宅に置いてあるイメージがあったのですが、宿泊する小さなシャンブル・ドットやアンティークショップなど、旅先で見かける機会があり、ドーム兄弟、ポール・ニコラとともに一気に身近に感じる存在となりました。中でも、北東部ロレーヌ地方のナンシーは、フランスのアール・ヌーヴォーを語るうえで切っても切れない美しい町です。駅に降り立ち、町の中心部に向かって歩き始めると、左手に「Brasserie Excelsior」が見えてきます。こちらのブラッスリーは天井と吊り下げランプが必見。女性的な華やかさと美しさを感じますので、一度お茶を飲みがてら訪れてみることをおすすめします。

そのまま真っすぐスタニスラス広場まで歩くと、建築家のエマニュエル・エレ、金具工芸職人のジャン・ラムールが施したロココ様式の金細工が美しい鉄柵や鉄門を見ることができます。さらにその横にあるナンシー美術館では、ドーム兄弟のコレクションにうっとり。幾重にも重なり深い色合いを創り出す「被せガラス」の技法を堪能することができます。クロード・モネの《エトルタの日没》をはじめ、ラウル・デュフィ、エドゥアール・マネの作品など、想像以上に作品が充実していて、非常におすすめな美術館です。私が訪れた際には、草間彌生の《光の部屋》も展示されていて、幻想的な世界を独り占めすることができました。

また、「ナンシー・アール・ヌーヴォー」という芸術活動に特化したナンシー派美術館も見逃せません。ナンシー・サーマル地区の中心に位置するこの美術館は、最も重要なコレクターであったウジェーヌ・コルバンの旧所有地にあります。建物自体もコルバン一家が住んでいた邸宅で非常に価値があり、5ヘクタールもの広大な庭にはナンシー園芸協会が集めた植物が植えられています。ナンシー派は植物学に造詣が深いことで知られており、こちらの庭は春になると非常に美しいことで有名です。まさにアール・ヌーヴォーに捧げられた美術館として、一見の価値があります。

私が感動したのは、なんといってもエミール・ガレの作品の多さ。彼はパリ万国博覧会などにおいて数多くの賞を受賞し、フランスを代表するガラス工芸家として国際的な評価を得ていますが、この美術館では作家のアンリ・イルシュから注文を受けて作ったベッド《夜明けと黄昏(たそがれ)》を見ることができます。

ナンシーから電車で1時間ほど南東に行くと、かの有名なBaccarat（バカラ）村があることから、この地がいかにガラス工芸で発展した地域であることかがうかがえますね。そのほかにもマジョレル邸など見どころがたくさん。サン・ニコラのお祭りの時期に合わせて訪れると、ロレーヌ地方の美しさを存分に楽しめることでしょう。

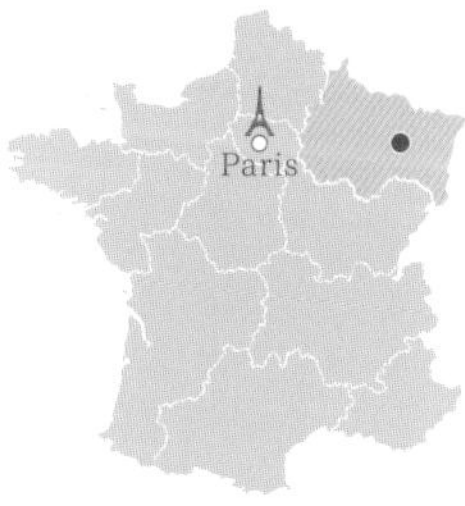

ParisからNancyへの行き方

Paris Est駅からTGVでNancy駅まで約1時間50分。

Décembre

12月

クリスマスの首都

【*Strasbourg*（ストラスブール）】

「クリスマスの首都」と呼ばれるストラスブール。マルシェ・ド・ノエル（クリスマスマーケット）が開かれるこの時期、町は魅惑的な光を帯び、すべての人々に喜んでもらう魔法がかけられるのです。なんといっても、300を超えるシャレー（木でできた小屋）が魅力的なストラスブールのマルシェ・ド・ノエルはヨーロッパで最も古く、最も大きいマルシェの一つと称されます。

ドイツ語表記の「Straßburg（シュトラスブルク）」は、直訳すると「街道の街（城）」という意味になり、名前のとおり、物や人が行き交う交易都市として発展してきた歴史があります。ストラスブール旧市街の中心にそびえるゴシック様式の最高傑作としても名高いノートルダム大聖堂は、フランスの数ある大聖堂の中で、私の3本の指に入るほど大好きな大聖堂です。北東部のヴォージュ地方で採取されたオレンジともピンクともとれる砂岩の色合いは、夕日を浴びると黄金に輝き思わず見惚れるほど。高さ142メートルある教会の下で、以前はよく画家さんたちが観光客の似顔絵を描いている姿を見かけたものです。

とにかく見どころの多い大聖堂であることはいうまでもありません。332段上った展望台からの眺めは絶景で、ストラスブールを一望できますし、からくり人形で有名な高さ18メートルもある世界最大の天文時計も見どころの一つです。世界遺産に登録されているストラスブールのグラン・ディルとノイシュタットには中世の美しい街並みが残り、ルイ14世に仕え、17世紀に活躍した軍事技術者ヴォーバンによって設計された美しいヴォーバン・ダムと4つの塔を持つクヴェール橋は、夜になると美しくライティングされます。また、イル川のクルーズは、欧州議会をはじめ多くの歴史的建物をぐるっと見ることができるのも魅力ですが、閘門（こうもん）（水門）を通過したり、可動式の橋の下を通ったりと、なかなか面白いアクティビティになっています。

さて、さまざまな魅力があるストラスブール観光ではありますが、私はこの町の花屋さんが好きで、よく写真を撮っています。駅から中心街まで歩く道中に見かけた花屋さんのディスプレイが素晴らしく、花を買うことができないのに何度も通りかかったり、ノエルならではの飾りつけを見るのも楽しいひととき。もちろん、ショーウインドウも素敵なお店がたくさんあります。

最後は、クレベール広場にある高さ30メートルを超えるヨーロッパ最大級のクリスマスツリーを見に行きましょう。昨年訪れたときは、ちょうどツリーの真正面に到着したタイミングで夜の7時になり、いきなり照明が消えたかと思うと、素晴らしいイルミネーションが始まり感激しました。こんなふうに夢のあるノエルの季節は、大人でさえもおとぎの国に迷い込ませてくれます。

CENTRE PETITE FRANCE

la terre

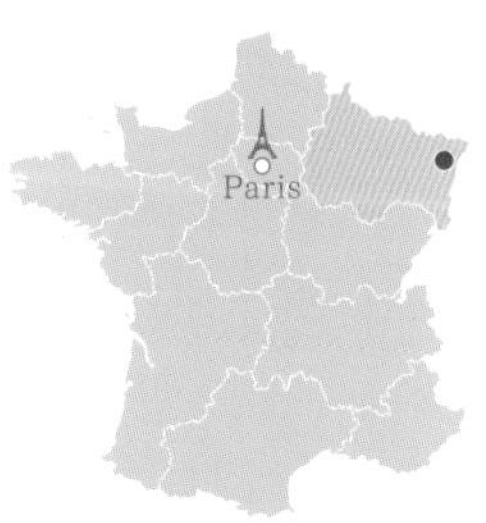

ParisからStrasbourgへの行き方

Paris Est 駅からTGVでStrasbourg駅まで約1時間45分。

Décembre

12月

我が家のノエル

日本と同じく、フランスでも年末になると新しい年を迎えるにあたり大忙し。娘たちもすっかり大人になりましたが、幼いころから楽しんできたノエルの思い出は、２人の娘の心の中にもしっかり根づいたようで、家族みんなノエルが大好き！　子どもたちそれぞれに素敵なパートナーができた現在でも、Réveillon de Noël（クリスマス・イヴ）は我が家に集合。フランスでは、ノエルは家族で集まる大切な時間であるとともに、宗教的な意味合いもあるため、特別な思いで準備することにしています。

　オーヴェルニュ地方をはじめとするフランス中央部は、もともと非常に貧しい地域で、パリなどの大都市とは違い、１９６０年代半ばまでノエルの祝いも大晦日の祝いもなかったといわれています。その代わりにノエルの時期になると、オーヴェルニュにたくさん自生する野生のジュニパー（ジンの香りづけに使う黒い実）を手折り、玄関に飾りつけていたという言い伝えが残っています。その伝統を守るため、私も自宅の山にジュニパーを採りに行き、シンプルなリースを作ります。部屋の中は、毎年テーマを変えてさまざまな飾りつけをしますが、昨年はジュニパーとモミの木を小さくくるっと丸めただけのリースやスワッグをいくつも作り、キャンドルを添えました。

　これまでは、どうやって娘たちを喜ばすのかを考えるのを楽しみにしていましたが、このごろは娘たちからサプライズを受けることに。昨年は上の娘夫妻が張りきって、ノエルのパーティーを準備してくれました。壁にはたくさんの写真、ところどころに可愛いツリーの飾りつけ、各テーブルにはそれぞれを思って準備した小さなプレゼントが隠されています。ツリー型に折られたナプキンの下から出てきたのは、なんと、スクラッチカード！ アペリティフ（食前酒）を楽しみながら、「家を買いたい」「旅行がしたい」などなど、みんなで大きく夢を膨らませて、いざ勝負！ 結局、総額16ユーロしか当たっていませんでしたが、家族みんなで大笑い。それにしても、若い子たちの楽しいアイデアは、「私も見習わなくちゃ」と勉強になります。

さて、フランスの食事といえば、まずはアペリティフ。シャンパーニュから乾杯が始まります。続いて大盛りの貝やエビのプレート、フォアグラ、口直しのアイスクリーム、肉料理、デザートと続きます。私たち夫婦は七面鳥を焼いて持って行ったのですが、メイン料理が出るころにはおなかがいっぱい。ようやく食事が終わると、みんなが一番に楽しみにしている時間の始まりです。フランスは、大きなプレゼントを用意するというより、相手が喜びそうな小さなプレゼントをいくつも準備し、みんなで一つずつ開いていくのが好きなようで、全部のプレゼントを開き終わるころには、深夜2時を過ぎていました。

今では娘たちがそれぞれのパートナーへ贈るプレゼントを見るのがなによりの楽しみに。い

ちばん感動したのは、2年前に下の娘がパートナーに贈った一冊の本。そこには、彼女たちが出会ってからの小さなストーリーが綴られていました。読みながら、こっそり涙している上の娘がなんとも可愛くて……。こうやって、相手に心からの愛情を素直に伝えられるのはうらやましい限りです。

寒い季節も温かな家族と食事があるだけで、心が温まりますね。こうして、今年一年の幸せに感謝しつつ、来年もまたみんなで集まれますようにとそっと願います。

Janvier
1月

ガレット・デ・ロワ

年が明けて新しい一年が始まると、フランス人にとっての楽しみの一つである「ガレット・デ・ロワ」を食す機会がやってきます。ちょっとした新年の集まりの手土産に持っていくのが定番で、いざテーブルに着くと何個も食べる羽目に……。夫はこのお菓子が大好きで、私は1月の間に何度焼いているかわからないほど。ガレット・デ・ロワは、公現祭（イエス・キリストの顕現を祝い、東方の三博士が来訪した日）を祝って食べられる、パイ生地の中にアーモンドクリームが入った焼き菓子で、中にフェーヴと呼ばれる陶器の小さな人形などが入っています。フェーヴとはソラマメのことで、昔はお菓子の中に豆やアーモンドが入っていたのですが、今ではお店ごとに趣向を凝らした可愛いアイテムが入っているため、これらをコレクションしている人たちもたくさんいます。

小さな子どもがいる家では、このガレット・デ・ロワを食べるときにちょっとした楽しい習慣があります。テーブルの上で大人がお菓子を切り分けている最中、子どもがテーブルの下にもぐり込み、「それはお母さんの分！」などと、食べる人を指名していくのです。「ボナペティ！」のかけ声とともに、みんなで一斉に食べ始め、お菓子の中からフェーヴが出てきた人が王冠を被り、その日は王様（女王様）として扱われます。大人たちの間では、「フェーヴが当たった人が次のガレット・デ・ロワを準備する」という暗黙の決まりがあるため、冬の間に何度も楽しめる夢のようなお菓子です。一般的にガレット・デ・ロワは何層にも折ったパイ生地にフランジパーヌ（アーモンドクリーム）を入れ込んだ焼き菓子ですが、南仏に行くと少し事情が変わります。ガトー・デ・ロワ（ブリオッシュ・デ・ロワ）と呼ばれるオレンジ水の香りがする甘めのブリオッシュの上に、砂糖漬けのフルーツが載ったタイプが主流となり、ひと口に「ガレット・デ・ロワ」といっても、地方によってさまざまな種類があるようです。

私も毎年パターンを変えてはガレット・デ・ロワにチャレンジしていますが、やはりなんといっても伝統的な手法で作るパイ生地がいちばん美味しい！　最近はまっているのが、フランジパーヌだけでなく、マロンペーストを入れたり、カスタードクリームを入れたりして、中のクリーム自体を2層にすること。味により深みが出るため、飽きずに食べることができます。

前日からパイ生地にバターを折り込み、何度も寝かしては折りたたむことを繰り返しますが、寒い季節のため冷蔵庫でパイ生地を寝かさなくても、食品庫に置いておけばキンキンに冷えてくれ、この季節にぴったりのお菓子です。面倒な作業ではありますが、手間をかけた分、家族が大喜びしてくれるので、毎年1回だけはパイ生地からの手作りも頑張ります。とはいえ最近はスーパーに行けば、パイ生地が2枚セットになり売っているので大助かり。

さて、今年は何回ガレット・デ・ロワを焼くことになるでしょうか？

9
Divin

Janvier
*1*月

心に残る修道院
【*Abbaye de fontfroide*（フォンフロワド修道院）】

「なんて神秘的なんだろう……」

初めてこの修道院を訪れたとき、あまりの感動でしばらく動けなくなったほど。そのなんとも伝え難い心の琴線に触れる感情は、その場にいた見学者の方も同じようで、誰もが一様に口を押さえ、声さえも出せず、ただただ上を見上げるばかり。「歴史的城塞都市」として知られるカルカソンヌから車で約50分。南西部オクシタニー地方、オード県にあるフォンフロワド修道院は、旅先を急ぐ中、ブドウ畑の中で偶然見かけた看板に導かれ、訪れた修道院でした。

フランスには多くの修道院があり、有名どころとしては、ノルマンディーの海に浮かぶ修道院、モン・サン・ミシェルやプロヴァンスのラベンダー畑の中にあるセナンク修道院を思い出しますが、私の中でこのフォンフロワド修道院は非常に神秘的な印象を持ちました。まず、入り口を入ると、可愛いガーデニンググッズがお目見え。この修道院はJardin Remarquable（＊1）と、Un Refuge LPO（＊2）に分類され、数世紀にもわたりイタリアスタイルのテラスガーデンを造り続けています。庭園内にはかつての修道士たちの墓地に造られたローズガーデンがあり、昆虫ホテルや段ボール、植物をうまく利用して化学薬品を使わずに草花を育てています。

１０９３年にベネディクト会修道院として設立されたフォンフロワド修道院は、１１４５年にシトー会修道院になってから本格的に発展していきます。修道院の名前は、近くにあった泉

「Fons Frigidus（冷たい泉）」からつけられ、多くの寄付と土地の購入により、最も裕福な修道院の一つとなっていきます。14世紀には修道院長の一人であるジャック・フルニエール（ジャック・フルニエ）が、ベネディクトゥス12世となりローマ教皇に選ばれました。しかし、彼が亡くなると、偉大な後援者を失ったことにより徐々に衰退していき、その後に起こったフランス革命によって荒廃の一途をたどります。

その惨状を救ったのが、著名な収集家で、画家でもある実業家のギュスターヴ・ファイエ。1908年、競売にかけられたこの修道院をアメリカ人収集家を上回る価格で落札し、妻のマドレーヌとともに何年もかけて修復しました。現在はＡＯＣ（Appellation d'Origine Controlee／原産地統制呼称の略）のコルビエールワインも生産し、修道院にはワイナリーも併設しています。また、今もなおギュスターヴ・ファイエの子孫が、変わらぬ情熱でフォンフロワド修道院を見守り続けています。あまりに感動したので、夏にも訪れていますが、個人的にはより神秘的な美しさが際立つ冬がおすすめです。

修道院を出たところで、先ほど一緒だった女性2人が話しかけてきました。

「ねぇ、私たちはすごいものを見たのよね？　こんなことってある？　私は一生この修道院を忘れないわ！」

＊1　フランス文化省がフランス公園・庭園委員会の支援を受け作成したブランドレーベル。
＊2　公共施設または私有地で、所有者が野生動物や広い意味での自然の保存と保護を約束する場所。

ParisからAbbaye de fontfroideへの行き方

Paris-Lyon駅からTGVでNarbonne駅まで約4時間25分。そこからタクシーで約20分(約15km)。乗換時間などを考慮して合計約5時間。もしくはParis-Orly空港からMontpellier Méditerranée空港まで約1時間20分。620番(シャトルバス)に乗りMontpellier駅まで約15分。そこから地域圏急行TERに乗り換えNarbonne駅まで約55分。さらにタクシーに乗り約20分。乗換時間などを考慮して合計約3時間30分。

Janvier
*1*月

トリュフ祭り
【*Sarlat-la-Canéda*（サルラ・ラ・カネダ）】

1月。南西部ドルドーニュ県にあるサルラ・ラ・カネダでは、毎年トリュフ祭りが開かれます。〝美食の地ペリゴール〟と名高いこの地域。「ペリゴール」とは聞き慣れない言葉ですが、フランスの旧州のことで、現在のドルドーニュ県とほぼ一致します。ペリゴールには、フォアグラをはじめ、ワインや鴨料理、イチゴ、クルミ、栗など名産品がいっぱい。「フランスの最も美しい村」がたくさんあり、美味しいものがいっぱいとなれば、とても魅力的な地域だとわかりますよね。

そんなサルラで開かれるトリュフ祭りとは、いったいどんなお祭りなのでしょう? 私が体感したのは、まさに「トリュフ」を楽しむお祭り。レストランのシェフたちは真剣にトリュフを吟味しながら購入し、町の中にはたくさんの屋台が出ているので、誰でもトリュフを使った料理を楽しむことができます。もちろん、値段もリーズナブル。子どもたちのために、トリュフを使った料理教室までありました。まだ1月と寒かったので、温かいトリュフのスープを買ってみましたが、これでもかというほど、刻んだトリュフがたくさん入っていて香り豊か。また、ミニバーガーも本当に美味しくて、さすが美食の地だと感動しました。

午前11時からは、いよいよお楽しみのCavage（カヴァージュ）。カヴァージュとは、トリュフ探しのデモンストレーションのことで、どこでするのだろうと思っていたら、なんと

1840年に歴史的建造物に指定された聖サルセド大聖堂前に作られた特設会場でした。教会の前にトリュフ探しの会場を作るなんて、フランスならではですね。ご存じの方も多いでしょうが、トリュフを探すのは、最近では豚ではなく犬が主流です。フランスでは犬の鼻の頭のことを「トリュフ」と言いますが、なんとも面白い偶然ですね。

しばらく待っていると、トリュフ農家の方がパートナーであるトリュフ犬を連れて登場。トリュフ犬はじっと飼い主の顔を眺め指示を待ちます。さぁ！　いよいよカヴァージュのスタートです。ご主人の合図とともに、犬は必死で土に鼻を押し当てながらトリュフの匂いを探しています。しかし、森の中とは違い、香水や食べ物の香りがするため難しいのでしょう。ウロウロすること数度、ようやくトリュフを見つけたときは、盛大な拍手に包まれていました。

それにしても、サルラのMarché Couvert（屋根付き市場）はちょっと特別。2001年に建築家ジャン・ヌーヴェルによって造られたこの建物は、12世紀に建てられたサント・マリー教会を再生したものです。高さ15メートルを超える鉄の扉を持つ独特の風貌で、普段から地元の特産品を扱っていますが、この日ばかりは、トリュフの濃厚な香りに包まれていました。

ParisからSarlat-la-Canédaへの行き方

Montparnasse駅からTGVでBordeaux-Saint-Jean駅まで約2時間10分。地域圏急行TERに乗り換えSarlat駅まで約2時間20分。乗換時間などを考慮して合計約5時間。
＊Paris-Orly空港からBrive Vallée de la Dordogne空港まで飛行機に乗り、そこからタクシーという手段もあります。

Janvier

1月

夢のある看板に魅せられて

【アルザス地方】

フランスを旅したことのある皆さんは、どんな景色が記憶に残っていますか？見慣れない温かな石壁の色、窓辺からかすかに漏れ聞こえる音楽、屋根を伝うように流れる暖炉の煙……。旅を始めたころはそのどれもが非日常に映り、私の心を捉えましたが、写真を撮る中でいちばん興味をそそられたのがアイアン（鉄製）の看板でした。

淡いピンク色の壁に囲まれた路地に入り込んだ際、なんとも怪しげな黒い看板が目に入ったり、ふと見上げた青空を背景に、壁からぶら下がる可愛い動物たちが見えたり。それらはどこかユーモラス。子どもたちが空の上で行進しているものや、地方の名産菓子、笑いを誘う動物たち……どれもが村や町に溶け込んでいて、生き生きと物語を紡ぎ出していました。特に冬場に村を散策すると、普段はその姿を隠してしまう木々の葉も落ちてしまい、主役のように色づいた看板が目に入るようになります。

ドイツと国境を接する北東部のアルザス地方を私が旅するのは、ほとんどが冬の季節。真っ白の霜がついたアイアンの看板を見ると、底冷えした空気までも感じられる気がするのです。看板の真下ではワインの樽をテーブルに見立て、ヴァン・ショー（ホットワイン）を片手に観光客の皆さんが暖をとります。おつまみには、もちろん郷土料理のタルト・フランベ。薄く伸ばしたパン生地にフロマージュ・ブラン（乳白色のなめらかなクリーム状のチーズ）やホワイトソースを塗り、スライスしたタマネギやベーコンを載せて焼いたシンプルなピッツァのような料理ですが、パリパリとした食感の生地はヴァン・ショーとの相性もよく、1枚を友人たちとシェアしながら食べる姿を見かけます。

本来、看板というのは、人々の暮らしに深く溶け込んでいたのでしょう。アルザス地方ではプレッツェルの形をした看板をよく見かけるため、多くの人たちが夢中になって写真を撮っています。目印になりやすく、友人たちとの待ち合わせに使われていることもしばしば。ちなみに、このプレッツェルはアルザスの伝統を伝えるものであり、パン屋さんのシンボルマークでもあります。アルザス地方の北部では、昔から新年を迎えるために腕にかけられるほどの大きな甘いプレッツェルが作られていたそうですが、「parrain, marraine（パラン、マレーヌ）」と呼ばれる代父母（洗礼式に立ち会い、神に対する契約の証人となる男女）が、新年の幸運を祈るためにこのプレッツェルを子ども（代子）に贈る義務があったと、パン屋さんのご主人に教えてもらいました。そんな話を聞いてから眺める看板は、ひときわ輝いて見えました。

フランスの冬の夜はとても静か。路地の街灯や家の窓から漏れるオレンジ色の明かりが、あたりの景色をぼわーっと照らし始めると、皆、店じまいの準備です。さて、明日はどんな看板を見つけることができるかな？　また次の日の散策を楽しみに、旅に出かけていきましょう。

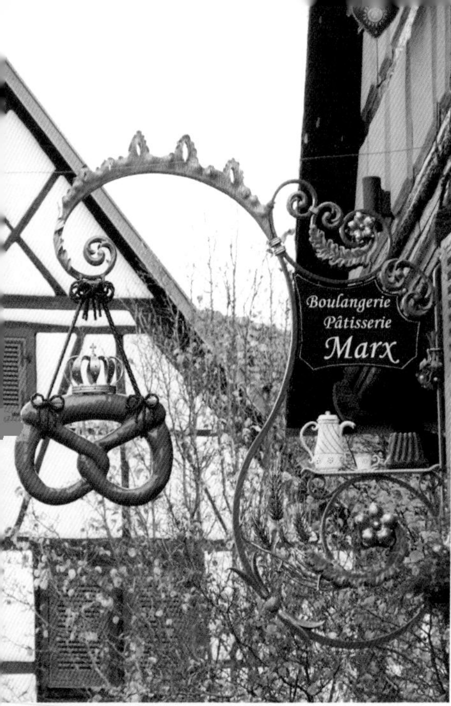

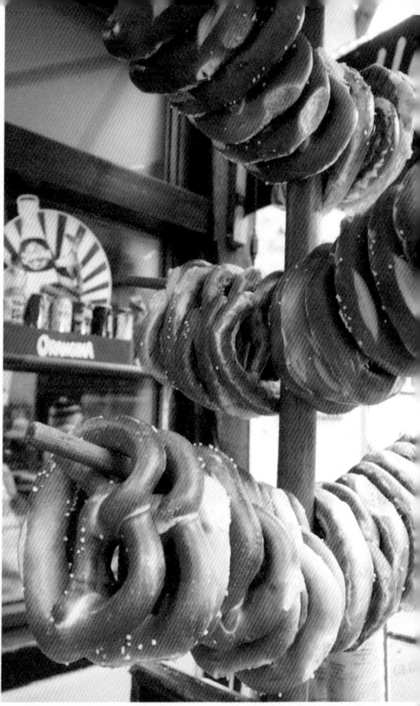

A LA VILLE
DE NANCY

HOTEL
RESTAURANT

Pâtissier
Salon de Thé
Wach

MUSEE HANSI

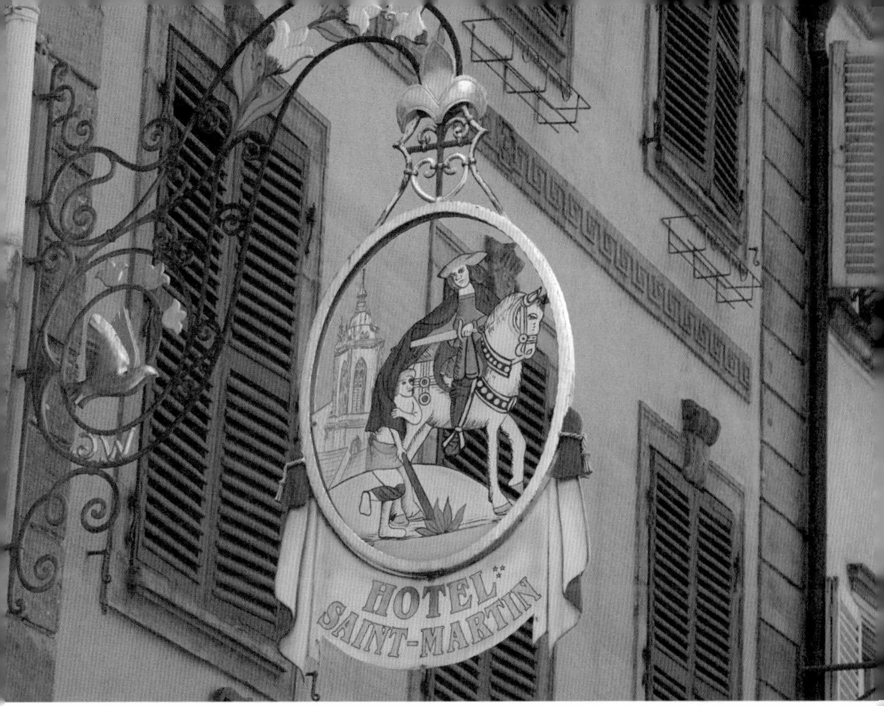
HOTEL
SAINT-MARTIN

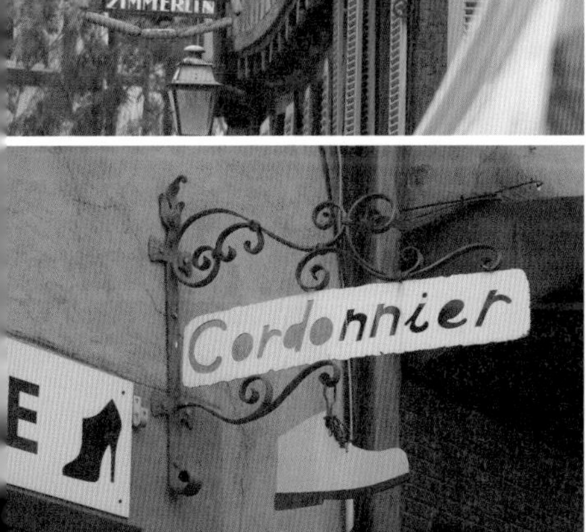

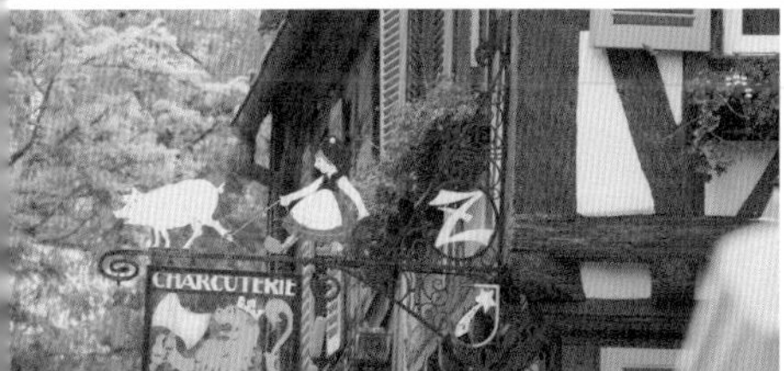
CHARCUTERIE
ZIMMERLIN

Cordonnier

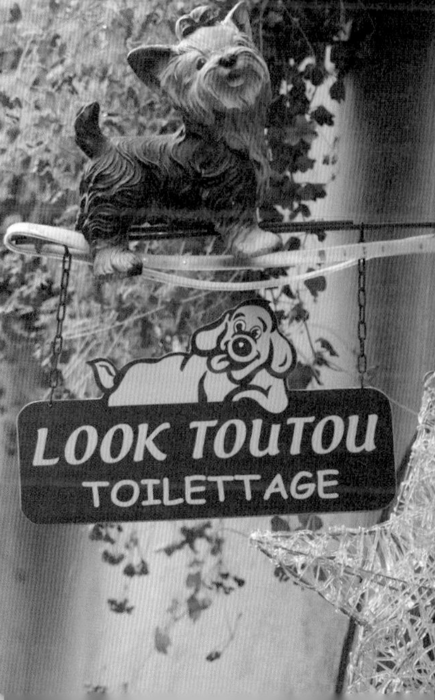

LOOK TOUTOU
TOILETTAGE

Février

2月

オーヴェルニュに春を告げる花

「今年もそろそろ咲いているかな?」。2月になると、車の助手席からその姿がないか、何度も川沿いを眺める私。「イヴの涙」「天使からの贈り物」という別名を持つスノードロップは、鈍色（にびいろ）の雲に覆われた冬空とは対照的に、真っ白な顔をひょっこりのぞかせ、私たちに春を告げてくれるのです。フランス語で「Perce-neige（雪を刺す）」と呼ばれるこの花は、なんと1000を超える伝説を持つほど、ヨーロッパで親しまれています。

その代表的なものに、キリスト教の創世記の物語があります。

――楽園を追われたアダムとイヴが、花も咲かず鳥の歌も聞こえてこない冬の国に追放されたとき、その厳しさに絶望し、吹雪の中、イヴは凍えて泣き出してしまいます。そこへどこからともなく天使が現れ、こぼれ落ちた彼女の涙をスノードロップに変え、再び訪れる幸せな未来を約束します。こうして、スノードロップは暖かな春の希望を与えるシンボルとなったのです（天使がひと握りの雪を花に変えたという話もあります）。

また、この花は聖母マリアの純潔と無垢のシンボルでもあり、伝統的に教会の花として用いられるだけでなく、昔は修道院の周りにたくさん植えられていました。そのため、春に修道院に行く機会があると、スノードロップの存在を探してしまいます。

私が住んでいるオーヴェルニュ地方はスノードロップが自生するための環境が整っているの

か、川沿いの至るところで群生を見かけます。遊歩道も何もない川の際から、数キロメートルにわたって咲く白い花。この光景を見るために、毎年森の中を歩きます。少し暗い森の中、「白い妖精」とも呼ばれるスノードロップにひと筋の光が当たっている姿はとにかく神秘的。

神が地球を創造した際、まだなんの色も持たなかった雪は、美しく咲く花たちにその色を分け与えてほしいと頼んだのですが、どの花にも断られ悲嘆にくれていると、その様子を気の毒に見ていたスノードロップだけが無垢な白さを与えてくれた――というヨーロッパの古い言い伝えがあります。雪はそのことに感謝し、スノードロップがどの花よりも早く咲くことを約束しただけでなく、雪とスノードロップは「心友」となり、いつも傍らにいることになったのだそうです。それ故、春の変わりやすい天候で霜や雪が降り、新芽を傷める花たちがあっても、スノードロップは美しく咲くことができるのです。3月1日に男性から愛する人へこの花を贈る習慣のある国もあり、スノードロップは純粋な心を伝えるためにひと役買っているようです。

私にとってこの花は、数年前に空に還った愛犬の忘れ形見でもあります。毎年、毎年、このスノードロップが咲き始めると、一緒に森の中を散歩し、うれしそうに真っ白の花の中から私に飛びついてきた姿を思い出すのです。

さぁ、今年もあの姿を探しに森に出かけましょう。

Février
2月

フランスと日本のクレープの違いって？

2月2日は「La Chandeleur（聖燭祭）」。別名「ろうそくの日」「クレープの日」とも呼ばれます。この日はノエル（降誕祭）から40日後にあたり、エルサレムの神殿にキリストが献上され、聖母マリアが清められたことを祝うキリスト教のお祭りです。アドヴェント（待降節）から始まり、ノエル、1月6日のエピファニー（公現祭）と続いた、キリストの誕生を祝う一連の行事が、これで締めくくられたわけです。一説によると、472年に教皇ゲラシウス1世は教会のために異教徒の儀式を取り入れ、2月2日に松明（たいまつ）の行列を作ってキリストを祝ったそうです。その松明は教会で祝福された後、信者たちが家に持ち帰り窓辺に飾ったといわれます。このChandeleurという語は、Chandelle（ろうそく）に由来しているともいわれていますが、「あれ？ろうそくは、bougieじゃなかったっけ？」と不思議に思って調べてみると、獣油や樹脂で作った昔のろうそくのことをChandelleと言うと知り納得しました。

では、なぜクレープを食べるのでしょう？ これには2つの説があります。1つは、教皇ゲラシウス1世が、ローマに到着した巡礼者たちにパンケーキをふるまった説、もう1つは、光と太陽の復活を告げる日でもあるため、丸く黄金色に輝くクレープを食べるようになったという説です。また、農民たちは畑に小麦の種をまく前に、松明を片手に自分の土地を回って清めたという風習もあります。農民がパンケーキの準備を怠ると、次の小麦が不作になるともいわれ、前年に採れた小麦でパンケーキを焼く習慣があったようです。

さて、クレープやガレットといえば、やはり北西部のブルターニュ地方。教会の塔1つにつき、1つのクレープのレシピがあるなんていわれるほどです。フランスのクレープは日本に比べるとかなりシンプルで、最初は驚きました。生クリームやチョコレート、フルーツなどと一緒に巻くリッチな日本式のクレープを作ると、フランス人たちはびっくりします。

我が家では、夫のほうがクレープを焼くのが上手。焼き上がったクレープの上に砂糖をまぶし、その上に次のクレープを重ね、一気に30枚ほど焼いてしまいます。もちろん、家族で食べるときには、焼けたそばからみんなに配り、蜂蜜やコンフィチュール（ジャム）、ヌテラと呼ばれるヘーゼルナッツのクリームなどを塗って食べます。しかし、ブルターニュは例外。少なくとも1枚は塩バターキャラメルで味わうのだそう。そして、クレープを食すときにはシードル（リンゴで造ったお酒）と一緒にが定番。そのため、スーパーではクレープの材料のそばにシードルもたくさん並びます。最初のクレープを焼くときには、大切なおまじないも忘れずに。左手に金貨を握り、右手にフライパンを持ってクレープを上に放り投げひっくり返します。見事きれいにひっくり返せたら、その年はお金に困りませんよ。

皆さんも、ぜひ2月2日の日にその年の金運をかけてチャレンジしてみませんか？

Février

2月

コバルトブルーのアヌシー湖

【*Annecy*（アヌシー）】

フランス東部、オーヴェルニュ・ローヌ・アルプ地方、オート・サヴォワ県にあるアヌシー。世界屈指の透明度を誇る美しいアヌシー湖の湖岸にたたずむこの町は、独特の美しさと華やかさを持ち合わせています。同じブルーでも、太陽に輝くコート・ダジュールのコバルトブルーの海岸線とは別の魅力があり、どこかほっとするような優しく透明感のある緑がかったターコイズブルーが目に焼きつきます。もともと、初夏に訪れることが多かった私ですが、夏は避暑地、冬はスキーリゾートを楽しむために各シーズン、多くの観光客を集めます。我が家でも最近、上の娘がスキーを楽しむため、毎冬このあたりを訪ねているほど。駅からゆっくりとアヌシー湖に向かって歩くと、ほどなくして「愛の橋」として有名なPont des Amours（ポン・デ・ザムール）が見えてきます。誰に教えられなくとも、橋に目をやれば一目瞭然。あちらもこちらも、恋人たちが思い思いにハグを始め、ビズ（キス）をしている光景が目に飛び込んでくるからです。たとえ一人で訪れたとしても、ぜひ橋の上から美しいアヌシー湖と山々を見渡し、臆することなく橋を渡ってみてください。それだけで、幸せな気分になりますよ。

その後、湖畔の湿地帯に造られたイギリス式庭園であるヨーロッパ庭園を湖沿いに歩くと、湖に浮かぶ人工島イル・デ・シーニュ（白鳥の島）が見えてきて、その周囲では音楽を奏でる人たちが増えてきます。空を優雅に舞うカモメなどの野鳥を見ながら、ナポレオン3世通りへと入っていきましょう。ティウー運河沿いには遊覧船が停まり、左手奥にはアヌシー城も見え、途端に華やかな雰囲気へ変わっていきます。目の前には、1132年にジュネーブ伯爵の宮殿として建てられたPalais de l'Île（パレ・ド・リル）が。牢獄、裁判所としても使われた歴史がありますが、現在は歴史博物館として一般公開されています。ティウー運河沿いはアヌシーでも人気のスポットで、以前訪れた際は、運河の中にたくさんの傘の花が咲いていました。

旧市街に入っていくと、運河沿いに所狭しと並ぶレストラン、可愛い雑貨屋さんに美味しそうなパティスリーなど、見どころがいっぱい。しかし、なんといってもパン屋さんで売られているサンドイッチは必見。毎回食べたくなるような美しさで、フォトジェニックなのです。偶然入ったパティスリーで、名物であるガトー・ド・サヴォワと、この地方の名産Génépi（ジェネピー／標高1450メートル以上に生息するニガヨモギ）のマカロンを購入し、それらを片手に友人と借りたアパルトマンへ。友人が「日本から持ってきたのよ」といれてくれたそば茶が、なぜか黄金色になりなんとも不思議な味になりました。原因は硬水です。同じフランスでも、軟水の地域で暮らしている私にとっても衝撃体験で、今でもアヌシーといえばこのことを思い出してしまいます。フランスを旅する際、日本から美味しいお茶を持ってこられる方は、気をつけてくださいね。

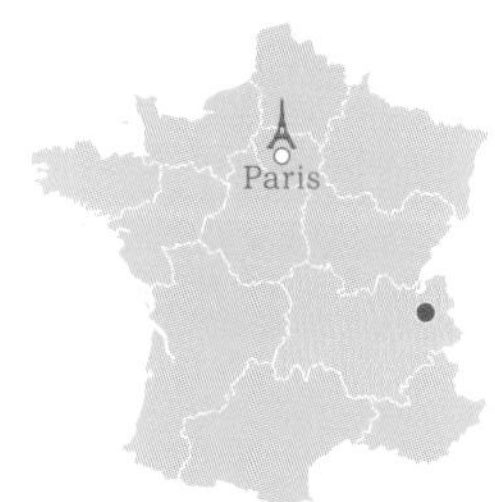

Parisから Annecyへの行き方

Paris-Lyon駅からTGVでAnnecy駅まで約3時間50分。

Février

2月

オレンジとレモンの思い出

【*Menton*（マントン）】

フランスに来た当初、果物のあまりの安さにびっくりした私。もともと、こちらでは、オレンジは貧しい時代のクリスマスプレゼントだったともいわれています。冬の柑橘類は、甘くて美味しいうえに非常に経済的！　こうなると、柑橘好きな私は毎日食べるしかありません。フランスでは、12月から4月がオレンジの旬ですが、個人的には2月ごろに買うのがいちばん美味しいと思うので、この時期にまとめてＢＩＯ（無添加オーガニック）のオレンジやレモンをたくさん手に入れます。なんといっても、美味しいのはプロヴァンス・アルプ・コート・ダジュール地方にある、「ジャン・コクトーの町」としても有名なマントン産のレモン。どことなくイタリアを思い出すオレンジ色と黄色で、町ごと彩られた華やかなマントンの旧市街は、細い路地を散歩するのが楽しくて、ついつい奥のほうまで足を進めてしまうほど。町の喧騒から離れ、人々の暮らしを垣間見ることができます。旧市街を通り抜け、丘を上りきった先にあるヴュー・シャトー墓地からの眺めは、まさにコバルトブルーの絶景。今、コート・ダジュールにいるのだなと実感することができます。

実際にレモンが採れる時期は限られていますが、毎年2月中旬から3月上旬にかけて開催されるマントンの「レモン祭り」に訪れた際、駅に降り立った瞬間から、鼻腔をつくあのキュンとすっぱくなるような香りを感じ、「本当にレモンの町なんだ」と感動したことを今でも覚えています。太陽の光をいっぱい浴びた美しいオレンジとレモンは、自分へのお土産としていくつか買って帰り、お菓子作りを楽しんだことも。皮ごと食べられるといわれる美味しいオレンジとレモンを使ってのピール作りはやめられません。果実はジュースにしたり、そのまま生で食べたりし、皮の部分は細かく刻みます。マントン産でなくても、無農薬のものが手軽に手に入るため、ワックスを落とすひと手間もなし。表面をさっと洗えば、すぐにお菓子作りの開始です。この時期はちょうどミモザの季節にもあたるため、オレンジ色や黄色づくしで春を楽しみましょう。マーマレードやピールにする際は、少し肉厚に切りますが、ケーキに飾りつけるだけなら、とにかく細かく刻むのがポイント。表面に少しだけ、砂糖をパラパラとかけると、しんなりするので、生で食べても全く気にならなくなります。ミモザの花も飾って、美味しいティータイム。爽やかな香りと色が、一気に南国マントンへと誘(いざな)います。

また、夏にマントンを訪れる機会があれば、ぜひ、フランスではコート・ダジュール地方にしか生息できないジャカランダの花をご覧ください。2週間しか咲かないとされる南アメリカ原産のジャカランダは、世界三大花木の一つで紫雲木(しうんぼく)という和名を持ち、青い海を背景に美しい青紫の花を大きく広げます。それはまさに夏の色！

このように、香りと色は一瞬で、思い出を運んでくれるものですね。

ParisからMentonへの行き方

CDG空港からNice Côte d'Azur空港まで約1時間30分。空港からTerminal2で80番のバスに乗りMonaco-Jardin Exotiqueまで約40分。608番のバスに乗り換えMenton-Casino駅まで約40分。乗換時間などを考慮して合計約3時間30分。またはNice Côte d'Azur空港からL2のトラムに乗りParc Phoenixまで約10分。そこからNice Saint-Augustin駅まで10分ほど歩き、地域圏急行TERに乗り換えMenton駅まで約45分。乗換時間などを考慮して合計約3時間。

confiture d'orange et citron

簡単オレンジとレモンのコンフィチュール

【材料】

・オレンジ　2個　※無農薬

・レモン　2個　※無農薬

・砂糖　オレンジとレモンの皮の重量の半分から7割くらいの重さ

※砂糖の量は好みで調整してください。

・バニラ味の砂糖　10g

・グラン・マルニエ　少々

・バター　ひとかけ（10g）

1 オレンジを搾り果汁を取り出します。

2 オレンジとレモンの皮をむき細かく千切りします。この千切りの細さで調理時間が変わりますが、皮の苦みを楽しみたい方は大きめに切りましょう。

3 オレンジとレモンの皮の重さを測り、おおよそ半分から7割くらいの重さの砂糖、バニラ味の砂糖、*1*のオレンジ果汁をひと晩晩漬け込みます（時間がない方は、4時間ほど待ちましょう）。

4 鍋に*3*を注ぎ、ゆっくりと火にかけます。途中で甘みを確認しながら、20分ほど火にかけます。甘みが足りない場合は砂糖を足し、お好きな甘さに調整してください。

5 一度火を止め、1時間ほど待ちます。その後、もう一度火を入れ、沸騰してから10分ほど煮ます。水分が足りないようでしたら、少しオレンジ果汁を足してもいいです。

6 皮が柔らかくなったら、グラン・マルニエを入れ、ひと煮立ちします。

7 最後にバターを入れ､味を調えます。

Mars
3月

バラ色に輝くレンガ造りの街並み
【*Albi*（アルビ）】

南部オクシタニー地方、タルヌ県にある中世の趣を感じるこの町は、「アルビの司教都市（キリスト教の大司教や司教の置かれた都市）」として世界遺産に登録されています。約10年前、ロン・ポワン（円形交差点）で偶然見かけた、アルビで開かれるブロカント（蚤の市）の告知。夫に「行ってみたい！」とお願いし、翌週出かけてみたのですが、当時の私はそれほど町や村自体に興味がなく、少し離れた広場で行われていたブロカントで買い物しただけで大満足。しかし、偶然通り過ぎたLe pont du 22 août 1944（1944年8月22日橋）という橋の名前が面白く、「どうして日付を橋の名前にしたのだろう」と密かな疑問を持つこととなりました。目線を上げると美しいレンガ造りの街並みが非常に心に残り、「この町にはゆっくり観光に来てみたいな」と考えるようになりました。再びこの町を訪れることになったのは、アンティーク買いつけのアテンドをしたことがきっかけで、私にとって不思議な縁がある町なのです。ちなみに、1867年に開通したこの橋はドイツ軍から町を解放させる舞台となりましたが、その名はナポレオン橋、ストラスブール橋と変遷し、今はポン・ヌフ（新橋）と呼ばれています。

さて、パリのムーラン・ルージュなどを描いた画家アンリ・ド・トゥールーズ＝ロートレックは、1864年にアルビで生を享けます。トゥールーズ＝ロートレック家は伯爵家であり、ここまで恵まれた幼少期を送った画家さんも珍しいですが、もともとの虚弱体質、13歳、14歳と足を骨折したことが原因で、両足の発育が止まってしまうという不運が彼を襲います。不自由な身体のため、絵を描くなどして時間を過ごしているうちにその才能が開花。アルビにあるトゥールーズ＝ロートレック美術館は、伯爵夫妻寄贈のコレクションをもとに、ロートレックの親友といとこたちの手によって１９２２年に開館し、今でも多くの観光客が訪れます。

美術館の建物は、司教館でもあったベルビー宮殿で、川沿いにある美しいフランス庭園も見どころ。ちょうど庭園から川を眺めると、ポン・ヴューとポン・ヌフの２つの橋が並んで見えます。また、町のシンボルであるサント＝セシル大聖堂は要塞にも見えるすっきりした外観でありながら、内部は美しい絵画と彫刻のコントラストに驚かされる南方ゴシック様式の大聖堂です。１２８２年、司教により最初のレンガが敷かれてから、およそ２００年という歳月をかけて完成し、15世紀に描かれた《最後の審判》は必見。個人的におすすめなのが、サン・サルヴィ参事会聖堂にある南側の非常に古い回廊。まさに静謐という言葉がふさわしい静かな空間で、一瞬、中世に迷い込んだ気持ちになります。時間があれば、ぜひ訪れてほしい空間です。

15～16世紀にかけ、パステル（染料）の取引によって栄えたアルビには、レネス邸をはじめ当時の富豪たちの素晴らしい邸宅が残っています。美しいパステル・ブルーとレンガの組み合わせも楽しみながら、町散策をしてくださいね。

ParisからAlbiへの行き方

Montparnasse駅からTGVでToulouse-Matabiau駅まで約4時間25分。地域圏急行TERに乗り換えAlbi-Ville駅まで約1時間。乗換時間などを考慮して合計約6時間10分。もしくはParis–Orly空港からToulouse–Blagnac空港まで約1時間15分。空港シャトルバスでMatabiau Gare SNCFまで約25分(トラムもあります)。そこから地域圏急行TERに乗り換えAlbi-Ville駅まで約1時間。乗換時間などを考慮して合計約3時間40分。

Mars
3月

美しいピンクの塩田
【*Camargue*（カマルグ）】

10年ほど前のある日のこと。フランスの雑誌を手に取り眺めていると、あるページで手が止まりました。そこには、信じられないほど美しいピンクの景色が……。

「ここはどこだろう?」。まだフランス語がわからなかった私は必死になって調べ、やっとの思いで探し当てたのが、南仏プロヴァンス地方のアルルから約40キロメートルにある村、Salin de Giraud（サラン・ド・ジロー）のそばにある塩田（Salt Pan Observation mound）でした。アルルで二股に分かれたローヌ川と地中海に囲まれた三角地帯は、カマルグ湿原地帯と呼ばれ、美しい自然の宝庫として知られています。ラムサール条約に登録されているカマルグ湿原地帯は、ヨーロッパでも有数のフラミンゴの飛来地であり、370種を超える野鳥が舞うなどまさに鳥たちの楽園。また、世界で最も古い馬の品種の一つといわれる白馬や、牛を殺さない「カマルグ式闘牛」、フランスでは非常に珍しい水田が見られるなど、独特の文化が育まれています。

初めてこの地を訪れたときのことは、今でも昨日のことのようにはっきり覚えているほど。車を停め、徒歩で塩田が見える場所まで上っていくと、目の前に広がるのは、水平線まで続く美しいピンクの世界。それにしても、なぜこんなにピンク色に見えるのでしょうか? 答えはカマルグ塩田に生息する耐塩性藻類のドナリエラが合成するβ-カロチン。そのドナリエラを食するのが、1億年前からほぼ変化していないといわれる節足動物の仲間で、エビ、カニに近いアルテミア・サリナ。それらを餌にしているのが、ピンクフラミンゴたちです。フラミンゴがピンク色をしているのは、このアルテミア・サリナを食べるからで、私にとってこの「ピンク」は、まさにカマルグ塩田の「命のサイクル」を感じる色なのです。

さて、塩田を見ることができる場所として、もう一つ忘れてはいけないのが三角地帯の西にあるAigues-Mortes（エーグ・モルト）。オック語で「死んだ（淀んだ）水」という意味を持つこの町は、中世の城塞都市です。790年ごろ、シャルル1世（カール大帝）の命によってマタフェール塔が造られ、町の歴史が始まります。その後、港と町を守るため、1242年にルイ9世がその跡地にコンスタンス塔を建立し、この地から十字軍に2度遠征しました。そのため十字軍と宗教戦争の痕跡が色濃く残る町です。そのほかにも、聖サラが祀られているサント・マリー・ド・ラ・メールの町もおすすめです。カマルグは自然を愛する人たちにとって、非常に魅力的。ボートやカヌー、またはカマルグの白馬に乗って湿原をめぐったり、ジープツアーで野生動物の観察に出かけてみましょう。美味しいカマルグのロゼワインのカーヴ（ワイナリー）を訪れたり、プチ・トランに乗って製塩所の中心部まで塩田めぐりの旅も楽しいひととき。日本でも大人気のフルール・ド・セル（天日塩）の聖地でもあるカマルグ。あなたもぜひ、ピンクに染まる雄大な塩田の景色を訪ねてみてください。

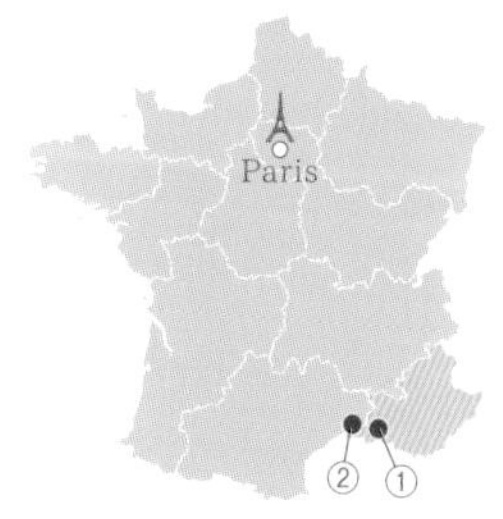

①ParisからSalin de Giraudへの行き方

Paris-Lyon駅からTGVでNîmes Centre駅まで約3時間10分。特急列車Intercitésに乗り換えArles駅まで約25分。そこからA10番のバスに乗り換えSalin de Giraud Centreまで約50分。乗換時間などを考慮して合計約5時間30分。

②ParisからAigues-Mortesへの行き方

Paris-Lyon駅からTGVでNîmes Centre駅まで約3時間10分。地域圏急行TERに乗り換えAigues-Mortesまで約40分。乗換時間などを考慮して合計約4時間。

Mars

3月

タピスリーの伝統を守る町

【*Aubusson*（オービュッソン）】

「国際タピスリー（タペストリー）都市」と呼ばれるオービュッソン。ちょうど中仏にあるクレルモン・フェランとリモージュの中間に位置する人口3000人を少し超えるくらいの小さな町です。2009年9月、オービュッソンのタピスリーがユネスコの無形文化遺産に登録されたのを受け、2017年7月にオービュッソン国際タピスリー博物館が誕生。新旧タピスリーの素晴らしいコレクションを堪能することができます。中でも日本人としてうれしいのは、入り口付近にある「エスパス・ミヤザキ」。「宮崎駿の世界をタピスリーに織る」として、『もののけ姫』をはじめ、『千と千尋の神隠し』『ハウルの動く城』など、映画のイマジネーションをタピスリーに織り込むプロジェクトが、その過程も含め公開されています。

約600年前から生産が始まったといわれているオービュッソンのタピスリー（多くの研究者は1457年としています）。もともと、タピスリーは王族や貴族、司教など上流階級のものでした。美しいタピスリーは壁にかけられ、宮殿やマナーハウスに彩りを添え、彼らのステータスシンボルになっていきます。そのため、博物館などで見かける古いタピスリーを見ると、神話上の動物や聖書、女神、騎士などが描かれ、多くの方に印象づける作品が多いことに気づきます。町の真ん中を流れるクルーズ川は、そのころすでに、リネン（麻布）などの製造業を支え、川沿いに多くの工場が立ち並んでいました。酸性の水質はタピスリーに使われる羊毛の脱脂に最適で、一大産業として発展していきます。しかし、フランス革命が織物職人たちに大きな変化をもたらします。機械化が進み、何千人もの手織り職人を必要としなくなったのです。それでも、オービュッソンはタピスリーを作り続け、多くの苦難の末、現在も後継者を育成し、「ほこりを被った古いイメージ」から、若手がデザインする現代アートの世界へと少しずつ変化を成し遂げています。

博物館の展示法は堅苦しくなく、むしろ斬新。機織りの技法やさまざまなテクニックを楽しく見ることができ、ガラスケースの中にはタピスリーの端も飾られています。中でも当時織られたタピスリーに使われた糸が、作品ごとに小さくまとめられていることにはびっくり。とにかく興味深い博物館です。展示されている最古のタピスリーは、オークションで入手された《Mille Fleurs à la Licorne》というユニコーンをモチーフにした作品で、主人公を取り囲む多数の小さな花にちなんで名づけられました。町の中はとても素朴な雰囲気で、曲がりくねった石造りの路地とクルーズ川沿いの家が印象的。博物館のオープンとともに、ホテルやレストラン、カフェができ、今後も町の発展を担っていくことでしょう。

どれだけ時代が変わっていっても、タピスリー文化を守る町として、タピスリーの持つ長い歴史を変わらず守ってほしいと願いながら、町を後にしました。

ParisからAubussonへの行き方

Austerlitz駅からLimoges-Benedictins駅まで約3時間30分。地域圏急行TERに乗り換えAubusson駅まで約1時間50分。乗換時間などを考慮して合計約6時間30分。

Mars

3月

サヴィニャックが愛した美しい漁師町

【*Trouville-sur-Mer*（トルヴィル・シュル・メール）】

ヴァカンス用の小さなパニエ(かご)を手に取り、パリのサン・ラザール駅からノルマンディー行きの電車に乗り込む私。座席を見つけ、くつろぎながら外を眺めると、レンギョウや桜、リンゴの花に加え、新緑の柔らかい緑が目に映ります。2時間ほどの間、本を読んでいたマダムも、芸術書を片手にうたた寝していたムッシュも、「終点です」のアノンスと同時に身なりを整え始めました。駅を背に歩き始めると、左に行くか右に行くか……。そっとあたりを見渡します。Trouville-Deauville駅を背に、左側があの有名な「ダバダバダ」の音楽が印象深い映画『男と女』のロケ地ドゥーヴィル、右側が20世紀の商業ポスター界を代表するフランスの画家レイモン・サヴィニャックが愛したトルヴィル・シュル・メール。多くの人たちが左右に分かれ立ち去った後、おもむろにパニエの中からカメラを取り出し、右側に向かって歩き出します。ちょうどベルジュ橋にさしかかったところで、カモメたちが頭の上で鳴き始めました。

私がサヴィニャックを好きになったきっかけは、インテリア雑誌で見かけた、タレントのちはるさんの自宅の壁にかかっていた大きなチョコレートの絵《ショコラ・トブレ》。彼の描くなんともユーモラスかつシンプルながら温かみのある作品は、女性ファンが多いことでも知られています。この町では、そんな彼の軌跡をたどる「サヴィニャックの足跡めぐり」が大人気。トゥーク川沿いには大きな魚市場があり、毎日漁船が漁に出ているため、美味しそうな魚介類が並んでいます。ホテルにやっと到着し、フロントのマダムに「あなたのいちばん好きな景色はどこですか？」と尋ねてみると、「この坂を上って、その先に急な階段があるでしょ？ 大変だけどあそこからの夕日が好きなの」と教えてくれました。思ったより急な階段でしたが、上りきると眼下にはトゥルーヴィルの美しい景色が広がっていました。

この小さな漁師町は、画家シャルル・モザンが描いた絵がパリのサロンに展示されたことがきっかけで有名となり、美しい砂浜と貝殻で覆われた全長1200メートルを超えるビーチには、1867年に「レ・プランシュ」という板張りの遊歩道が完成しました。現在はプロムナード・サヴィニャックと名前を変え、サヴィニャックの作品だけでなく、この町を愛し訪れた多くの芸術家たちの名前がついたベンチを発見することができます。印象派の画家であるクロード・モネやウジェーヌ・ブーダンだけでなく、『失われた時を求めて』で有名な作家マルセル・プルーストをはじめとした多くの作家たちが、夏の間この地に滞在しました。遊歩道に沿って多彩な様式のヴィラが並び、多くのレストランやカフェでは、海に向かってのんびりと過ごす旅行者たちの姿が。町のあちこちには、さまざまなアーティストによる小さな落書きを見つけることができるため、何度訪れても新たな発見がある町です。

まだ暗い春の朝。再びベルジュ橋を渡ると、カモメたちが鳴きながら見送ってくれました。

59,90 €Kg
Pince de tourteaux
Cuite.
Tourteaux
Cuits
SÉJOURNEZ
A TROUVILLE
HÔTEL
FLAUBERT
TROUVILLE
FESTIVAL DU
NOUVEAU RIRE
TROUVILLE
CREPERIE
Chez Peppy
PIZZERIA

Parisから Trouville-sur-Merへの行き方

Saint-Lazare駅からNomad TrainにてTrouville-Deauville駅まで約2時間10分。

エピローグ

前作『フランスの小さな村を旅してみよう』から早3年。本来であれば、前作の刊行と同時に日本に帰国し、皆さんとささやかなお祝いができればいいなと考えていました。しかし2020年、誰もが予想しなかった未曽有の感染症が世界中に広まり、私自身の帰国がままならなくなっただけでなく、気軽に旅をすることが難しくなってしまいました。そんな中での「旅本」の発売は非常に心苦しくもあり、「皆さんが読んでくださるのだろうか?」という不安がよぎりました。日本国内ですら、自由に旅をすることなんてできる状態ではなかったと思います。あのころのフランス国内では移動制限が発表され、買い物に出かけることすら大変でした。家庭回帰の風潮が色濃くなり、家で過ごす時間が多くなったことから、小麦やパスタ、卵などが店頭から姿を消していきました。

移動制限が解除されると、すぐに近場の村に出かけてみましたが、個人の小さなお店や職人さんたちは本当に可哀相で、お店を開けることすらままならず、開けても誰も来ないという状態に。それでも、「日本はどう?」と多くの方から優しい声をかけていただきました。ビズの文化があるフランスで、誰とも触れ合うことができなくなった世界。この一種異様な光景は、事態の深刻さを物語っていました。

それでも、折に触れ、声をかけ合うことで、お互いがお互いを支え合ってきたのだと思っています。そして現在。フランス各地では再び多くの旅行者を見かけるようになりました。その顔は一様に明るく、あらためて「旅」がいかに人々によい影響を与えているのかと感じているのです。

皆さんは、フランスがお好きですか？　一度は行ってみたいと思いますか？　もしも、そんな気持ちが心にあるのなら、旅立ってみませんか？「いつかは、もう二度と訪れないかもしれない」と、ここ数年の間に多くの方からメッセージをいただきました。そんな悲痛な言葉を受け、私自身も「やりたいことがあるなら今しかない」と感じながら生きていこうと思っています。そこで選んだ道の一つが、「Les Bleuets（レ・ブルエ）」という株式会社をフランスで設立したこと。これからは、フランスの各地で職人たちが作る美しい手作業をもっと日本の皆さまにも知っていただきたいと思っています。

この本を読んでいただき、フランスの町や村の魅力だけでなく、フランスの田舎暮らしの魅力も伝わったのなら、こんなにうれしいことはありません。最後になりますが、仕事が忙しすぎて原稿が遅れがちだった私を、温かく見守ってくれた「かもめの本棚」編集部の村尾由紀さん、前作に引き続きイラストを描いてくださったあべまりえさん、美しいカリグラフィーの文字でフランス語の書名を描いてくださったユカさん、心優しいファンの皆さまや友人、そしていつも温かく見守ってくれる家族に、心からの感謝とビズを送ります。

木蓮（PLANCHE Miyuki）

木蓮（もくれん）

神戸出身。フランス中央部のオーヴェルニュ地方にある、人口200人に満たない小さな村に住む日本人女性。フランス人の夫との結婚を機に渡仏。さまざまな地域に接しているオーヴェルニュならではの地の利を生かし、フランス各地に点在する名もなき小さな村を年間150カ所以上も訪ね歩いている。村めぐりで出会った美しい景色や村人とのエピソードをブログで紹介。みずみずしい写真と住んでいる人間ならではの視点で人気を呼んでいる。2023年、雑貨卸会社「Les Bleuets（レ・ブルエ）」を設立。元インテリアショップ店長の経験を生かし、職人らが作るかごや雑貨、アンティークや布など、フランス全土を歩いて見つけたストーリー性のある品々を日本の人々に届けている。著書に『フランスの花の村を訪ねる』『フランスの小さな村を旅してみよう』（東海教育研究所）。

公式ブログ「フランス 小さな村を旅してみよう！」
https://ameblo.jp/petit-village-france/
「Les Bleuets（レ・ブルエ）」ホームページ
https://www.bleuets-france.com/

この本は、WEBマガジン「かもめの本棚」に連載した「フランスの小さな村だより12カ月」を加筆してまとめたものです。

フランスの小さな村だより12カ月

2023年9月7日　第1刷発行

著　者　木蓮

発行者　原田邦彦

発行所　東海教育研究所
〒160-0022　東京都新宿区新宿1-9-5
新宿御苑さくらビル4F
電話 03-6380-0494　ファクス 03-6380-0499
eigyo@tokaiedu.co.jp

印刷・製本　株式会社シナノパブリッシングプレス

装丁・本文デザイン　稲葉奏子

編集協力　齋藤 晋

ISBN978-4-924523-40-1　C0026

かもめの本棚

WEB連載から生まれた本

フランス観光開発機構推薦

フランスの村シリーズ

年間150カ所以上の小さな村を訪れているフランス在住の著者が、特に心に残る55の村を厳選。迫力のオールカラー！

フランスの小さな村を旅してみよう
木蓮（写真と文） A5判 192頁（オールカラー）
定価 2,530円（税込） ISBN978-4-924523-10-4

フランス在住の日本人女性が案内する、とっておきの花の村30選。花にあふれる小さな村を美しい写真とともに紹介する。

フランスの花の村を訪ねる
木蓮 著 四六判 256頁（カラー128頁）
定価 2,200円（税込） ISBN978-4-924523-39-5

フランス観光開発機構の推薦に基づき厳選した美しい村の魅力を綴る。好評を博した初版をパワーアップし35村を収録。

増補版 フランスの美しい村を歩く
寺田直子 著 四六判 280頁（カラー102頁）
定価 2,200円（税込） ISBN978-4-924523-07-4

これまでに100回ほど渡仏したトラベルライターが、時を経てさらに輝きを増す12地方30の村を旅人の目線で案内。

フランスの一度は訪れたい村
坂井彰代 著 四六判 256頁（カラー127頁）
定価 2,090円（税込） ISBN978-4-924523-08-1

1年12カ月、合計60のエピソードで綴る南フランスの暮らしと街歩きの楽しみ方。4世代に伝わる家庭料理のレシピも収録。

ニースっ子の南仏だより12カ月
ルモアンヌ・ステファニー 著 四六判 256頁（カラー128頁）
定価2,200円（税込） ISBN978-4-924523-38-8

イタリア在住20年以上の著者が、忘れられない30の美しい村をセレクト。「イタリアの最も美しい村」協会推薦本。

イタリアの美しい村を歩く
中山久美子 著 四六判 256頁（カラー107頁）
定価2,200円（税込） ISBN978-4-924523-35-7

WEBマガジン好評配信中！

公式サイト

公式